晚清民國時期中國名勝古蹟圖集

龔鵬程敬題

晚清民国时期中国名胜古迹图集

CHINESE HISTORICAL SITES OF THE LATE QING DYNASTY AND THE REPUBLIC OF CHINA

第玖卷

全本精装版

VOLUME 9

陕西西安
陕西潼关 陕西华阴
陕西临潼 陕西鄠县
陕西郿县 陕西三原
陕西泾阳 陕西澄城
陕西长武 陕西醴泉
陕西咸阳 陕西乾州

XI'AN CITY OF SHAANXI PROVINCE

TONGGUAN COUNTY OF SHAANXI PROVINCE
HUAYIN CITY OF SHAANXI PROVINCE
LINTONG DISTRICT, XI'AN CITY OF SHAANXI PROVINCE
HUXIAN COUNTY OF SHAANXI PROVINCE

FUXIAN COUNTY OF SHAANXI PROVINCE
SANYUAN COUNTY OF SHAANXI PROVINCE
JINGYANG COUNTY OF SHAANXI PROVINCE
CHENGCHENG COUNTY OF SHAANXI PROVINCE

CHANGWU COUNTY OF SHAANXI PROVINCE
LIQUAN COUNTY OF SHAANXI PROVINCE
XIANYANG CITY OF SHAANXI PROVINCE
QIANZHOU COUNTY OF SHAANXI PROVINCE

[日] 常盘大定 关野贞 著
郭举昆 译

图书在版编目（CIP）数据

晚清民国时期中国名胜古迹图集：全本精装版. 第九卷 /（日）常盘大定，（日）关野贞著；郭举昆译. --北京：中国画报出版社，2019.6（2024.7重印）
ISBN 978-7-5146-1726-9

Ⅰ. ①晚… Ⅱ. ①常… ②关… ③郭… Ⅲ. ①名胜古迹—中国—近现代—图集 Ⅳ. ①K928.70-64

中国版本图书馆CIP数据核字(2019)第049256号

晚清民国时期中国名胜古迹图集（全本精装版） 第九卷

[日] 常盘大定 关野贞 著 郭举昆 译

“十三五”国家重点图书出版规划
国家出版基金资助项目

策 划：于九涛
项目主持：于九涛 齐丽华
本卷主编：张明杰
校 译：秦 上
责任编辑：李 媛
封面设计：郑建军
责任印制：焦 洋

出版发行：中国画报出版社
地 址：中国北京市海淀区车公庄西路33号 邮编：100048
发 行 部：010-88417418 010-68414683（传真）
总编室兼传真：010-88417359 版权部：010-88417359

开 本：16开（889mm×1194mm）
印 张：18.5
字 数：100千字
版 次：2019年6月第1版 2024年7月第3次印刷
印 刷：三河市金兆印刷装订有限公司
书 号：ISBN 978-7-5146-1726-9
定 价：1980.00元（全十二卷）

作　者

常盘大定 (1870—1945)

日本宫城县人，研究中国佛教之学者。历任日本真宗中学、天台宗大学、日莲宗大学、真宗大学、丰山大学、东京大学等校教师。1920 年以后五次来华，研究敦煌、云冈、龙门诸石窟及房山石经等佛教史迹。主要著作有《印度文明史》、《释迦牟尼传》、《中国佛教史迹》、《中国佛教史迹英文评解》五册(与关野贞合著)、《中国文化史迹》十二册(与关野贞合著)等。

关 野 贞 (1868—1935)

日本近代著名建筑史研究家，生前为东京大学工学部建筑学科教授。不仅在日本建筑史方面造诣很深，而且在中国、朝鲜等国的建筑与美术史研究界也享有盛名。曾多次到中国、朝鲜及印度等国实地考察，撰写了一批影响深远的考察报告和学术论著。主要著作有《日本的建筑与艺术》、《朝鲜的建筑与艺术》、《中国的建筑与艺术》、《中国文化史迹》十二册(与常盘大定合著)等。

译　者

郭举昆

重庆师范大学外国语学院教授、硕导、日语系主任。1989 年毕业于北京外国语学院日本学研究中心语言文学专业，获文学硕士学位。曾参加《近代日本人中国游记》丛书的翻译工作，2007 年出版译著《横跨中国大陆——游蜀杂俎》。

目录

CONTENTS

陕西西安 XI'AN CITY OF SHAANXI PROVINCE

XI'AN CITY OF SHAANXI PROVINCE

TONGGUAN COUNTY OF SHAANXI PROVINCE
HUAYIN CITY OF SHAANXI PROVINCE
LINTONG DISTRICT, XI'AN CITY
OF SHAANXI PROVINCE
HUXIAN COUNTY OF SHAANXI PROVINCE

FUXIAN COUNTY OF SHAANXI PROVINCE
SANYUAN COUNTY OF SHAANXI PROVINCE
JINGYANG COUNTY OF SHAANXI PROVINCE
CHENGCHENG COUNTY OF SHAANXI PROVINCE

CHANGWU COUNTY OF SHAANXI PROVINCE
LIQUAN COUNTY OF SHAANXI PROVINCE
XIANYANG CITY OF SHAANXI PROVINCE
QIANZHOU COUNTY OF SHAANXI PROVINCE

文庙

西安市是从前长安都城的所在地，隋唐时代，繁盛至极，宋元以后逐渐远离政治中心走向衰退。但是，西安作为有“天府之地”称谓的关中大沃野之中心，如今仍然保持相当程度的繁华，城市设施严整凛然。城内有文庙，庙后有一古碑广集的碑林。文庙各地都有，不足为奇，但相比而言，该文庙规模宏大，不愧为古庙的文庙。该文庙值得称耀的地方就是碑林。碑林中保存着唐宋以来的著名石碑、法帖等石刻。文庙的创立年代不明，但是，从藏有虞世南的孔子庙堂之碑来看，文庙在唐代以前就已存在。现今的文庙创建于宋代，元代至元年间（1264—1294）重修，明正统年间（1436—1449）由知府孙仁进一步扩建。现在（1906）所见到的殿宇门庑可能为明代重建的。

文庙内的正南面有一面高高的砖砌照壁，中央浮雕有精美云龙，支撑着其上的华丽斗拱和黄琉璃顶盖。照壁两端有被涂成红色、被称为“彤壁”的墙向左右延伸，并折向后方环绕文庙。正面无门，其门开在左右的墙上，上揭题额“礼门”“义路”。照壁的北面立有一木制彩色的牌坊，名曰“太和元气坊”。(图6-2) 接着是一个名为“泮池”的半圆形池塘，其上搭有石桥，四周以石栏环绕。池中滴水全无，却有高达两三间（间为长度单位，1 间约 1.8 米）的树木，枝繁叶茂。(图7-2)

再往前行，有石造三门并立，名曰“棂星门”，中门题刻有“文庙”，东门“德配天地”，西门“道冠古今”。(图1-1)

进门后有一南北向呈长方形的庭院，院内立着两对刻有怪兽的八棱柱石华表(图7-1)以及下列著名的古石碑，庭院的东西墙上各有三门，其内设有乡贤祠。

孔子庙堂之碑（虞世南书）　智永千字文碑　隋皇甫君碑（欧阳询书）

庭院的正北面是“仪门”，为三间三户单层门，左右有侧门。(图2-1) 进入仪门，又是一宽阔的长方形庭院，正后方，二层建筑大成殿巍然屹立，左右的东西庑延伸至远方。由大成殿和东西庑围成的中庭中，有三对碑亭，并安放有御书的石碑。(图1-2) 配置整齐，规模宏大，彰显了关中大都城西安市文庙的价值。

大成殿是正面九间、侧面六间的两层大型建筑，屋顶特以黄琉璃瓦修葺。内外均施有色彩绚丽的装饰，极尽轮奂之美。前面铺设宽大的石坛，以石栏围绕，石阶上浮雕云龙。殿内华美的佛龛里安放着孔子塑像，其左右及东西庑安置着颜子、曾子等七十二子的牌位。大成殿前的中庭内立着元明清三代的十一方石碑，如下：

皇元加圣号诏碑	元大德十一年（1307）
重修宣庙记之碑	元至元十三年（1276）
奉元路重修庙学之碑	元至正六年（1346）
状元碑	明弘治十六年（1503）
重修西安府儒学文庙记碑	明成化十一年（1475）
明嘉靖十五年（1536）碑	
明嘉靖十六年（1537）记之碑	
御制孔子赞碑	清康熙二十五年（1686）
御制颜子赞碑	清康熙二十八年（1689）
清顺治七年（1650）碑	
陕西学校儒生颂德之碑	

西安文庙平面图

西安文廟平面圖

1 孔子廟堂之碑　2 智永千字文碑　3 隋皇甫君碑　4 乾隆九年碑　5 乾隆九年碑
6 康熙十一年碑　7 嘉靖十五年碑　8 嘉靖十五年碑　9 奉元路重修廟學之記碑　10 重修宣廟記碑
11 陝西學校儒生頌德之碑　12 順治七年碑　13 狀元記碑　14 重修西安府儒學文廟記碑　15 皇元加聖號詔碑
16 御製顏子贊碑　17 御製孔子贊碑

图 1-1・西安文庙・小门

图 1-2・西安文庙・大成殿

图 2-1·西安文庙·北门

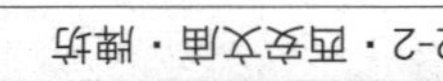

图 2-2 · 西安文庙 · 牌坊

图 3-1·西安文庙·石柱及碑阁

图 3-2・西安文庙・泮池石栏

隋皇甫君碑

此碑详称为“隋柱国左禄大夫宏义明公皇甫君之碑”，于志宁撰文，名人欧阳询书。碑文字体清隽，与九成宫醴泉铭同为显示其书法功底的贵重文物。可惜的是，因后人拓字，石面磨损严重，其笔意遭到破坏。(图 4-2)

孔子庙堂之碑

孔子庙堂之碑由虞世南撰文并书。虞世南是唐初的大人物，又在书法方面受到智永禅师的亲传，在当时很受器重。此碑是虞世南奉敕于武德九年(626)撰文并书。石碑落成后，他将碑文拓本进呈给太宗又被特赐王羲之的黄银印一方。很显然，此是其得意之作。可惜的是，贞观年间(627—649)，石碑建成后仅拓了数十张赐予近臣，文庙就遭遇火灾，石碑被烧坏。其后，武则天长安年间(701—704)再刻，但又消失不见。现存的是宋代初期王彦超再度重刻的。

经过几番重刻，字形虽然保留原样，但当初的精神气魄已不复存在，令人遗憾。碑高七尺七寸，宽四尺二寸，上刻螭首，但有些欠缺雄健气势。如今，碑的左右及顶部砌有砖墙，以防止雨露的侵蚀。(图 4-1)(关野贞 文)

图 4-2·西安文庙·隋皇甫君碑

图 4-1・西安文庙・孔子庙堂之碑

智永千字文碑

智永是王羲之的七代孙，其书绝妙，很好地传承了家法，是隋唐时期习书法者的宗师。据传，当时求其书者络绎不绝，甚至踏破他家的门槛，使其不得不以铁板裹上。他曾书写《真草千文》八百本公布于世。据说石碑上的字，刻于宋大观年间（1107—1110），是临摹长安鹤氏收藏的智永真迹的作品。（关野贞 文）

皇元加圣号诏碑

此碑立于文庙大成殿的前，其上部正书元大德十一年（1307）七月十九日的圣号诏，四周雕刻云龙。号诏下方刻着皇庆二年（1313）五月赵世延撰文并正书的跋，四周围绕宝相花纹。敕碑上采用的云龙纹的手法在元代以后的中国极为盛行，此碑为其开端。螭首、龟趺完备。与唐代的相比，格调略有不同，摆脱了典型的手法，试图打开新的方面。石碑宽四尺九寸九分，厚一尺三寸一分，高十三尺左右。其龟趺，高三尺，长八尺四寸，是充分发挥元代的技艺的大作。

总之，此碑虽出于唐制，但刻画过浅，反倒有软弱之感。（图5）（关野贞 文）

图5・西安文庙・皇元加圣号诏碑

奉元路重修庙学之记碑

此碑位于大成殿前的中庭。至正六年（1346）十月，虞集撰，王守诚书，苏天爵篆额。螭首、龟趺具备，稍带轻快风格。总之，此碑完好地体现了唐制。（图 6-1、图 6-2）（关野贞 文）

明重修西安府儒学文庙记碑

此碑立于大成殿中庭，建于明成化十一年（1475）。碑宽四尺七寸九分，厚一尺二寸五分，高十五尺左右。碑身立于高二尺六寸四分、长八尺六寸五分的龟趺之上，高大雄伟。螭首过大，有失权衡之美。碑文为行书，四周雕刻宝相花纹。龟趺鼻尖略带皱纹，为清朝流行手法之魁首。（图 7-1）（关野贞 文）

图 7-1·西安文庙·明重修西安府儒学文庙记碑

图 6-2·西安文庙·奉元路重修庙学之记碑·龟趺

图 6-1・西安文庙・奉元路重修庙学之记碑・碑冠

清御制孔子赞碑 · 颜子赞碑

孔子赞碑建于清康熙二十五年（1686）七月，碑宽三尺九寸七分，厚一尺三寸二分，高十四尺许，立于高二尺一寸的龟趺之上。刻有康熙帝御制御书的《孔子赞》，左右侧雕有云龙。螭首过小，显得寒酸。龟趺的手法也难以动人。

与之相邻的是康熙二十八年（1689）五月建造的由康熙帝御书的颜子赞碑。相比之下，此碑稍小，但其手法与前者大致相同。(图 7-2)（关野贞 文）

图 7-2 · 西安文庙 · 清御制孔子赞碑及颜子赞碑

图 7-3 · 西安文庙 · 明螭吻

碑林

西安文庙大成殿的后面即所谓的碑林，保存着相当数量的古碑。考察其创始经过得知，唐开成年间（836—840）的石经，或横躺于榛莽，或掩埋于淤泥，北宋龙图阁学士吕大忠见之深感痛惜，便在文庙的后方相中一地，将石经移入安放，并在石经旁立玄宗皇帝的御注孝经碑，后还有颜真卿、欧阳询、褚遂良、徐浩、梦英所书的石碑，此乃碑林的起源。其后，明成化年间（1465—1487）巡抚马文升、万历年间（1573—1619）长安知县沈听之和咸宁知县李得中等进行过维修。清康熙五十九年（1720）候补知县徐采爋与乾隆三十七年（1772）巡抚毕沅再次大修并扩张规模。之后，嘉庆十年（1805），西安府知府盛淳崇复加修治，保存至今。其间，碑林内逐一收集从唐宋以后到近代的古今石碑，从淳化阁法帖到唐宋以后的名家法帖石刻也被大量地采集。如今，多达五百余种。

西安早在周汉时期就已是古代文化的中心，因此，金石遗文，富冠天下。然而，因黄巢之乱，大量文物被毁；宋天圣年间（1023—1031）修理堂塔时，很多完好的汉唐石碑被用来砌墙和铺路；又有一宋代好事的官僚，制作石碑拓本多达三千余张；无知的农民因田园被蹂躏而迁怒于石碑，将许多石碑上的文字铲除破坏；修缮霸桥时也使用过古碑。如此这般，汉代以后的碑碣逐渐化为乌有。值得庆幸的是，安放在碑林中的古碑皆幸免于难，平安无事地保存至今。这一切都应归于吕大忠的创建之功。在这些碑碣中，多数记录着堂塔的兴衰，也有不少记载着名僧大德的事迹。

碑林的前面，即大成殿的正后方有碑阁，其中央立着唐玄宗御注孝经碑，甚为有名。碑阁内还重刻有岣嵝禹文碑、禹碑、元祐五年（1090）京兆府学所移石经记碑。

碑阁后方有一东西走向的狭长建筑物，（图8），其内保存的古碑共三十九通，这就是闻名遐迩的碑林的中心部分，古碑中的都聚集于此。列举如下：

一、大唐□□寺故比丘尼法琬法师碑（刘钦旦书）景龙三年（709）

二、夫子庙堂记碑（梦英书）

三、李斯峄山碑

四、梅花堂大书

五、大唐隆阐大法师碑　天宝二年（743）

六、般若波罗蜜多心经

七、大唐御史台精舍碑　开元十二年（724）

八、重修文宣王庙之记　建隆三年（962）

九、古柏行

十、慎刑箴并序　天圣六年（1028）

十一、玄圣文宣王庙大门记　大中祥符二年（1009）

十二、篆书目录偏旁字源碑（梦英书）　咸平二年（999）

十三、大中祥符御制玄圣文宣王赞　大中祥符五年（1012）

十四、颜氏家庙碑（颜真卿书）

十五、邠国公功德铭并序（杨承和撰并书）　长庆二年（822）

十六、嘉庆百寿全书

十七、重修孔庙石经记　万历十七年（1589）

十八、董其昌书　万历四十五年（1617）

十九、瞻学田记　至元六年（1269）

二十、汉碑再刻　永和二年（137）　汉安元年（142）

二十一、集羲之圣教序碑

二十二、大达法师碑（柳公权书）　会昌元年（841）

二十三、大唐大智禅师碑（史维则书）　开元二十四年（736）

二十四、篆书千字文碑（梦英书）　乾德三年（965）

二十五、大唐道因法师碑（欧阳通书）　龙朔三年（663）

二十六、唐广智三藏和尚碑（徐浩书）　建中二年（781）

二十七、大唐多宝塔感应碑（颜真卿书）　天宝十年（751）

二十八、大宋新译三藏圣教序碑（云胜书） 端拱元年（988）

二十九、大金重修府学教养之碑（杨焕书） 至大二年（1309）

三十、大元重修宣庙记 至正二十六年（1366）

三十一、李阳冰书篆书先茔记 大历二年（767）

三十二、景祐二年碑 景祐二年（1035）

三十三、抄高僧传序（背面）争座位帖（颜真卿书）

三十四、李阳冰篆书 大历二年（767）

三十五、赵子昂书（背面）五岳真形图

三十六、康熙碑

（其余三通碑，碑名遗漏）

这些碑从中央分往左右陈列，周围的墙上还镶嵌着颜真卿、怀素、张旭、赵子昂等人的法帖刻石，数量可观。

该建筑的后面还有第二建筑，造型细长，其端头向前延伸呈凹字状，其内保存着著名的唐开成年间（836—840）的石刻十二经。

再后面有第三建筑，由中堂及左右两庑三个部分组成。中堂内有清道光二十二年（1842）复修碑林记碑，东西两庑内有康熙年间重刻的孟子石像。

西庑的西北角有座八角小亭，内藏下记石碑：

大唐故骑都尉濮州阳令于君之碑

沿着中央再往前行有一小门，进入门内，就来到第四建筑。其前面有中庭，东西是走廊。东廊的墙上镶嵌以下十块隋唐的墓志铭，其中还嵌有三阶教的英僧法藏禅师塔铭。

一、唐故宣功参军钜鹿魏君夫人赵氏墓志铭并序 元和五年（810）

二、唐故银青光禄大夫行内侍员外置同正员上柱国张公夫人

雁门都夫人令狐氏墓志铭并序 天宝十二年（753）

三、隋故逢议大夫宋君志

四、大唐净域寺故大德法藏禅师铭并序 开元四年（716）

五、大唐故珍州荣德县丞梁君墓志铭并序 垂拱二年（686）

六、唐故朝散大夫秘书省著作致仕京兆公玄堂志 元祐十四年（819）

七、大唐故口州司功参军魏府君墓志铭并序

元和乙未（815）

八、大唐故韩君之墓志 咸亨四年（673）

九、大唐故集贤直院宫果王府未吏程□墓志

十、故左卫府长史通议大夫宋君墓志铭 大业十二年（616）

西廊的墙上嵌有万历、乾隆、嘉庆、道光等明清时代的小碑。其中极为罕见的是伪齐阜昌七年（1136）十月所刻的石碑，正面雕刻禹迹图，背面雕刻中国及诸蕃图。

第四建筑前面的东墙上有赵子昂书的刻石。建筑内部的中央龛中安置着孔子像，左右立着淳化阁法帖的刻石，还放置着十几通碑石。分别是康熙帝宸翰碑、风颠笔达摩石刻、明嘉靖圣谕碑、淳化阁法帖、清鄂海书碑［康熙壬午（1702）］、明崇祯御笔碑、清嘉庆重修西安府学碑林记、大唐冯公神道碑（柳公权书）、清嘉庆御制敬一箴碑、寇莱公像石刻、唐陀罗尼经幢、北魏阳刻石佛像，等等。

隔中庭有第五建筑，其内部放置的石碑皆为清朝的作品。主要有康熙帝御书，清果亲王书，清果亲王所书孔子像的刻石。至此建筑，碑林就到头了。

此外，在第三建筑的西面，经过一个略显宽敞的院落，还有第六建筑。其内部也保存着三十六通明清时代的碑刻，但没有特别引人注目的作品。

该建筑的南侧紧邻院门。这是碑林唯一的正门，平常紧锁，由官署监督。然而门前有四五家拓字店，可由拓字师开门进入碑林。这些拓字师每日进入碑林拓字，他们拓的最多的石碑有颜真卿的多宝塔感应碑和颜氏家庙碑、虞世南的孔子庙堂碑、欧阳询的皇甫君碑等，法帖有颜真卿、张旭、怀素、赵子昂、董其昌等淳化法帖之类的作品。但拓字师态度粗暴并缺乏责任感，令人深感遗憾。（关野贞 文）

西安碑林平面图

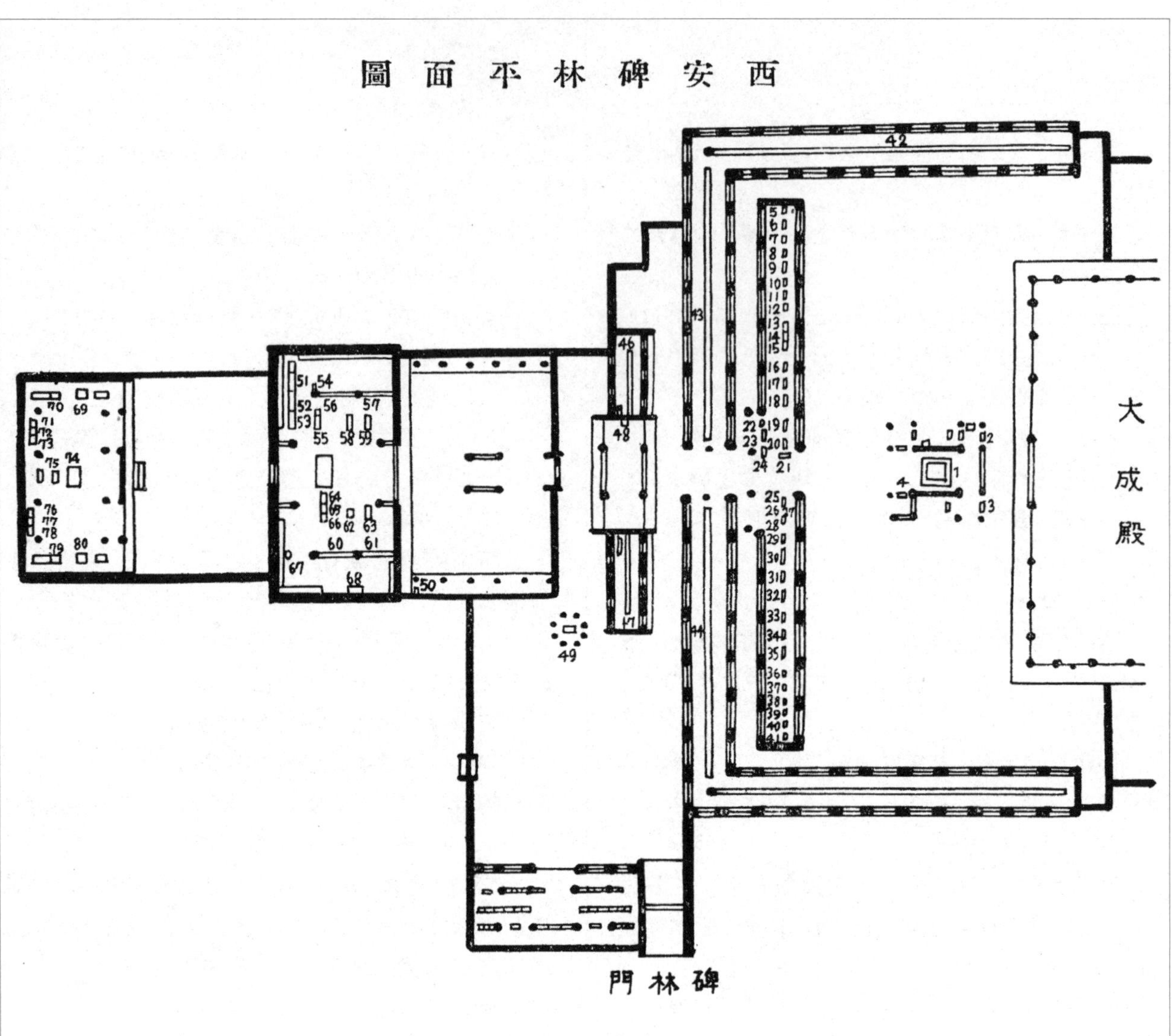

1 唐玄宗御注孝经碑
2 禹碑
3 重刻岣嵝禹文碑
4 元祐五年（1090）京兆府学所移石经记碑
5 大唐□□寺
6 大唐□□寺故比丘尼法琬法师碑
7 夫子堂庙记碑
8 李斯峄山碑
9 梅花堂大书碑
10 大唐隆阐大法师碑
11 般若波罗蜜多心经刻
12 大唐御史台精舍碑
13 重修文宣王庙之记碑
14 古柏行碑
15 慎刑箴并序碑
16 玄圣文宣王庙大门记碑
17 篆书目录偏旁字源碑
18 大中祥符御制玄圣文宣王赞碑
19 颜氏家庙碑
20 郃国公功德铭并序碑
21 嘉庆百寿全图
22 重修孔庙石经记碑
23 董其昌书碑
24 瞻学田记碑
25 汉碑再刻
26 集王羲之圣教序碑
27 大达法师玄秘塔碑
28 大唐大智禅师碑
29 篆书千字文碑
30 大唐道因法师碑
31 唐广智三藏和尚碑
32 大唐多宝塔感应碑
33 大宋新译三藏圣教序碑
34 大金重修府学教养之碑
35 大元重修宣庙记碑
36 李阳冰篆书掫先茔记碑
37 景祐二年碑
38 抄高僧传序（碑阴）争座位帖
39 李阳冰篆书碑
40 赵子昂书（碑阴）五岳真形图
41 康熙碑
42 石刻十二经
43 石刻十二经
44 石刻十二经
45 石刻十二经
46 石刻孟子
47 石刻孟子
48 复修碑林记碑
49 大唐于君之碑
50 禹迹图（碑阴）中国及诸蕃图
51 康熙帝宸翰碑
52 康熙帝宸翰碑
53 康熙帝宸翰碑
54 风颠笔达摩石刻
55 嘉靖圣谕碑
56 淳化阁名臣帖
57 淳化阁名臣帖
58 康熙壬午鄂海书碑
59 崇祯御笔碑
60 淳化阁名臣帖
61 淳化阁名臣帖
62 嘉庆重修西安府学碑林记碑
63 大唐冯公神道碑
64 嘉庆御制敬一箴碑
65 寇莱公像石刻
66 风颠笔达摩刻石
67 唐陀罗尼石幢
68 北魏阳刻石佛像
69 果亲王书石刻
70 果亲王书石刻
71 康熙帝御书刻石
72 康熙帝御书刻石
73 康熙帝御书刻石
74 果亲王笔孔子像刻石
75 康熙帝宸翰碑
76 康熙帝御书刻石
77 康熙帝御书刻石
78 康熙帝御书刻石
79 果亲王书刻石
80 果亲王书刻石

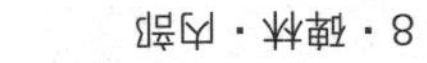

图 8・碑林・内部

唐玄宗御注孝经碑

唐玄宗御注孝经碑通常被称作石台孝经。唐天宝四年（745）立，玄宗亲自作序、注解并书，皇太子篆额。此碑规模之宏大，制作之优秀，在笔者见过的成百上千的中国石碑中，无一能与之比肩。碑身立于六尺七八寸见方、一尺四寸高的石台上，碑宽四尺三寸，高十尺八寸五分，由四块石头从四面组合而成。其上载有高二尺五寸许的额石，额的周围浮雕有狮子及云彩。额石上面还载有一块宽大的盖石，盖石厚一尺许，整面雕刻有云纹。盖石上还有一块高一尺左右的头饰石。石碑通高约十六尺四五寸，气势雄浑、样式富丽，将盛唐的技术精华发挥得淋漓尽致。尤其是台石四面，各有两个狭长的格子，其内阴刻奇兽，其外阴刻宝相花纹，精美绝伦。书法丰研雄浑，与玄宗御书的、著名的《纪泰山铭》同样值得欣赏。（图 9）（关野贞 文）

图 10-1・碑林・大唐道因法师碑

大唐道因法师碑

大唐道因法师碑，碑身三尺四寸八分五厘，厚九寸一分五厘，高七尺三寸八分，通高十尺三寸三分。螭首气势雄浑，额内阳刻三尊佛，其上部的三角形内，左右分别刻天人像，额顶中心阴刻“释迦牟尼佛”，左右缘阴刻“观自在菩萨”“大势至菩萨”，额底阴刻“故大德因法师碑”。碑侧饰有最雄劲的云唐草纹。

碑阴刻宋咸平元年（998）正月三日，众人赠予僧梦英的三十一首诗，额内阳刻有梦英的真容。（图 10-1、图 10-2、图 11）（关野贞 文）

碑题为《大唐故翻经大德益州多宝寺道因法师碑文并序》，李俨撰文，欧阳通书，龙朔三年（663）建立。欧阳通是有“唐楷第一人”之称的欧阳询之子，其父有碑数通，而他则只有这通碑以及最近出土的另一通碑。欧阳通遂声名鹊起。碑额上的释迦牟尼、观自在、大势至等名字，字体大小与碑文大致相同，也出自欧阳通之手。

道因是玄奘三藏译场中所列证义大德十二人之一。证义大德十二人是谙解大小乘经论时，从时众推举的学者中挑选出来的十二人。即京师弘福寺的灵润、文备罗汉寺的慧贵、实际寺的明琰、宝昌寺的法祥、静法寺的普贤、法海寺的神昉、廓州法讲寺的道深、汴州演觉寺的玄忠、蒲州普救寺的神泰、绵州振响寺的敬明及益州多宝寺的道因等。其中只有道因，因出现在此碑之中，才留下翻经大德之名留传千载。据碑文，道因是濮阳人，七岁入山东灵岩寺，讲《涅槃经》《十地论》，学《十诵律》。之后师从彭城的靖嵩学《摄大乘论》，而后入成都的多宝寺，致使在当地学名显赫的宝暹声名渐消。道因给《维摩经》《摄大乘论》作章疏，名扬京城，被召入京，住大慈恩寺，帮玄奘三藏翻译经书。显庆三年（658）逝于长安慧日寺，葬于益州光化寺。寺内的经论碑，是道因为防止佛法遭到毁灭而刻于石上的，充分地展现了道因的理念。

图9·碑林·唐玄宗御注孝经碑

图 10-2 · 碑林 · 大唐道因法师碑 · 碑侧花纹

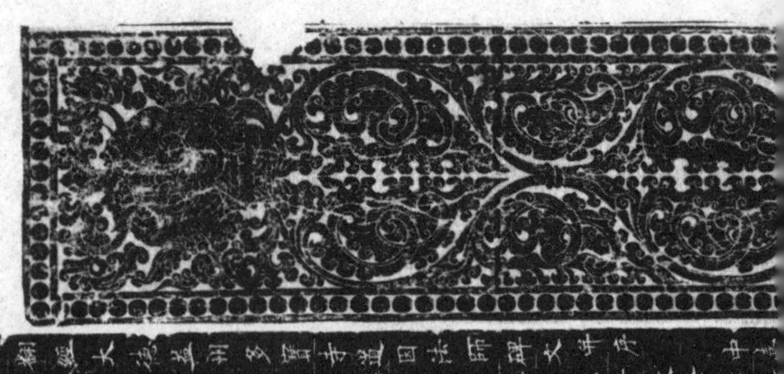

图 11・碑林・大唐道因法师碑・拓本

唐大智禅师墓志铭

大智禅师义福的墓志铭由太仆少卿杜昱撰写，仅五百七十余字，但与下面提到的大智禅师碑相辅相成，弥补了佛教史上的不足。大智禅师最初喜欢老庄的书易学说，年过三十出家从荆南的大通，豁然大悟，受印可，得密传，开元二十四年（736），春秋七十九载入寂，获大智禅师谥号。同年，其遗骨被迁往龙门奉先寺的西原（碑文上为“北冈”），受起塔供养之礼，由此可知其禅德之高深。据说其师大通也葬于龙门，如此看来，师徒二人都是被迁到距洛阳很近的这个著名胜地来起塔的。《金石萃编》中未收录该墓志铭。（图 12-1）

图 12-1 · 碑林 · 唐大智禅师墓志铭 · 拓本

唐大智禅师碑

大智禅师碑，通高十一尺一寸五分，宽四尺，厚一尺二寸三分。其螭首脱俗不凡，意匠纵横，技工精练，最具豪丽气势。额的周边雕刻蟠龙云纹，三角顶内刻坐佛一尊。左右各并列三龙头，口吐龙气。中央上部，往常的宝珠被一尊坐佛取代。尤其是碑侧，在宝相花内阳刻菩萨、骑狮神仙、瑞鸟、迦陵频伽等图案，很是精巧美丽。无论是意匠，还是手法，此碑都在唐碑之中明显高出一头。其雄浑伟丽的气势，从古至今，无一能与之媲美。

碑题为《大唐故大智禅师碑铭并序》。严挺之撰文，史惟则书。史惟则在隶书方面是开元时代的第一人。而且，最弥足珍贵的是，此碑完好无损，无一字剥落。据称，其行笔绝类似《太山铭》，而缜密过之。

其碑文在禅宗史上具有重要的价值。通常认为禅宗史对慧能以后的所谓南宗系谱讲解甚为详尽，而对神秀的所谓北宗法统搁置不理，甚至认为神秀后继无人。碑文称：神秀有普寂和义福两大弟子，因这二人，东山法门据说有七代。显然可以看出，如果南宗以南岳和青原二人为第七祖的话，那北宗就是以普寂和义福为第七祖。碑文的主角大智禅师即义福禅师。义福的师父是荆州玉泉道场的大通禅师神秀。神秀虽然被召进京，任帝王之师，但从未聚徒讲法。至普寂和义福，才开始传教，从碑文“开演先师之业，懋宣至圣之教”可知。义福自始至终服侍神秀，神秀之后，历任过嵩岩寺、终南化感寺、京师慈恩寺、福先寺、南龙兴寺的住持，开元二十四年（736）圆寂，葬于龙门奉先寺北冈。《唐书》《宋高僧传》《佛祖通载》都把其入寂年份写成开元二十年（732），这是个明显的错误。根据碑文，应改为二十四年（736）。（图12-2、图13、图14、图15）（常盘大定 文）

图 12-2 · 碑林 · 唐大智禅师碑

图13・碑林・唐大智禅师碑・拓本

图 14・碑林・唐大智禅师碑・碑侧花纹

图 15・碑林・唐大智禅师碑・碑侧花纹・拓本

唐大达法师玄秘塔碑

碑宽四尺三寸五分，厚一尺一寸三分，高八尺七分（螭首除外）。螭首，双龙踏云盘结，顶置巨大宝珠。碑额周边雕刻云纹，碑侧宝相花纹中阳刻两头瑞兽及蟠龙，富丽中隐藏着雄健气势。（关野贞 文）

大达法师，讳端甫，学僧，唐文宗开成元年（836）六十七岁时示寂。其碑铭由裴休撰文，柳公权书。文中可以看出他有如下功绩：在宫中与儒家论道，受赐紫方袍；作为左街僧录统管民众十年；讲《涅槃》《唯识》等经论，多达一百六十次。大师在禅宗势力兴隆时，为教宗增加了重量，不仅研究律、净、密三宗，还研究唯识宗。因此，碑题为“唐故左街僧录内供奉三教谈论引驾大德安国寺上座赐紫大达法师玄秘塔碑铭并序”，会昌元年（841）建。（图16-1、图16-2、图17）（常盘大定 文）

图16-2·碑林·唐大达法师玄秘塔碑·碑侧花纹·拓本

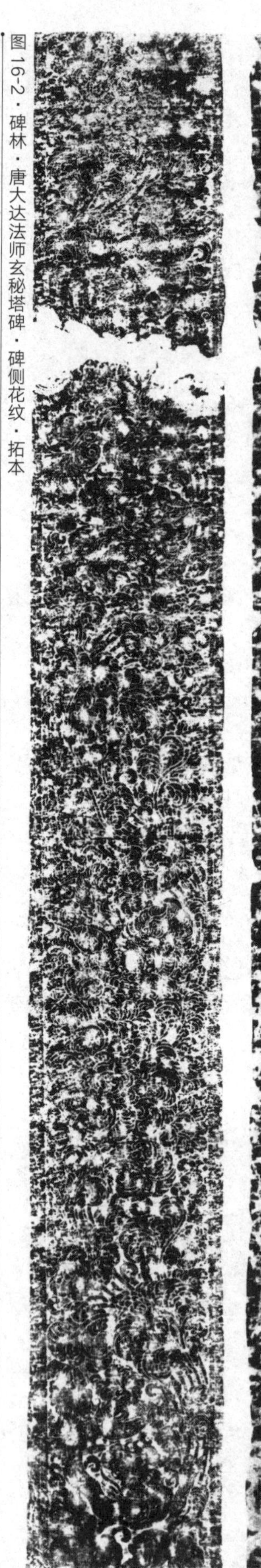

图 16-1 • 碑林 • 唐大达法师玄秘塔碑

图 17 · 碑林 · 唐大达法师玄秘塔碑 · 拓本

唐多宝塔感应碑

此碑通高九尺四寸五分，宽三尺四寸九分，厚一尺五分。螭首尤为壮丽，龙的雕刻手法相当写实，不仅鳞甲鲜活华美，缠绕龙体的云纹也美丽壮观，应该可以将其与大智禅师碑的螭首共视为唐碑的双璧。（图 18、图 19）（关野贞 文）

碑阴刻有“千福寺多宝塔院楚金禅师碑”。

大唐西京千福寺多宝佛塔感应碑由岑勋撰文，颜真卿书。此碑，无论是多宝塔建造的历史，还是颜真卿书，都闻名遐迩。多宝塔名声大噪应该是在此塔建立之后，而颜真卿书名扬天下也始于此碑。这是颜真卿少年时期的作品，在其所书的众多碑刻中，此书最为出名。

多宝塔由楚金禅师建造。禅师从法华三昧中感见多宝塔，立誓在六年的打坐期满后建造这种塔。天宝元年（742），他在千福寺相中场地。第二年，塔一建成，便聚集同行大德四十九人讲法华三昧，其中有抱玉、飞锡等法华行者。据说，楚金禅师继承了衡岳的慧思和天台的智者这二祖的止观之业。建塔时，受到玄宗皇帝赏赐；建成后，被召至花萼楼下得赐“多宝塔”匾额。碑文把天宝年间（742—755）宝塔建立一事，与汉永平年间（58—75）佛教最初传入一事相提并论，对其大加称赞。因此，该塔的建造在当时震撼信仰界、艺术界的程度可想而知。感应碑由敕检校塔使赵思侃等建造于天宝十一年（752）。（常盘大定 文）

图 18・碑林・唐多宝塔感应碑

唐多宝塔院楚金禅师碑

碑题为“唐国师千福寺多宝塔院故法华楚金禅师碑”，飞锡撰文，吴通微书，贞元二十一年（805）刻于前述多宝塔碑的碑阴。飞锡与楚金同为修行法华三昧的同行大德，也是继承南岳、天台止观之业的学者。碑文称赞了楚金修建多宝塔的丰功伟绩。楚金因此功绩，于入寂四十年后被唐德宗追谥为“大圆法师”。与前述多宝塔碑文综合起来看，可知该多宝塔在佛教信仰史及艺术史上的地位。正是因为建造了这座多宝塔，楚金才得以留名千载。（图 20）（常盘大定 文）

图 20・碑林・唐多宝塔院楚金禅师碑・拓本

图 19・碑林・唐多宝塔感应碑・拓本

唐隆阐法师碑

碑身高五尺六寸，宽三尺一寸，厚八寸六分。螭首大半损坏。从残留部分可见精美的三尊佛阳刻，但佛像的上半身缺失。碑侧有雄丽的宝相花纹。(图21、图22-1、图22-2)(关野贞 文)

碑后有宋乾德四年（966）四月十三日所刻的郭忠恕的三体书《皇帝阴符经》。

碑题为“大唐实际寺故寺主怀恽奉敕赠隆阐大法师碑铭并序”。撰者及书者名皆无。天宝二年（743），由弟子大温国寺主思庄等修建。笔法圆微，以圣教序之意引起金石家的观注。题下有“怀恽及书”四个字，其意不详。有人认为这四个字是后来刻的，并从碑文中“敬想清徽勒兹元琰”的说法推测出，碑文由其弟子思庄撰写。也有人推测怀恽就是元和十二年（817）示寂的章敬寺的敕谥大觉禅师，这四个字表示怀恽既撰文又书丹。但撰者书者尚未考定。因此，这四个字的意义不得其详。然而，无论从书法上，还是从内容上看都应该给予此碑重视。

碑文中说，怀恽落发后，师从亲证三昧大德善导阇梨，承其妙旨。十余载间，亲受其教，并蒙其付嘱。阇梨圆寂，为其在凤城南面的神和原建灵塔，在塔侧修伽蓝，在寺内造十三级大浮图。武则天永昌元年（689）奉敕成为寺主。大足元年（701）以六十二岁圆寂。神龙元年（705）由实际寺主怀恽处得谥“隆阐大法师”。此碑为净土教的集大成者，为史传中不明的善导带去了光明。碑文中关于怀恽的佛教有“乘佛愿力”“一心专念阿弥陀佛，愿乘此胜因，祈生净域”“弥陀佛名，亦望横超恶趣”“诵弥陀真偈，十万余遍。理复使精真厥想，念虽微而必就。二三于行，功唐捐而靡得”等说法。显然，这些是从善导得来的专修念佛。据说，怀恽多讲《观经》《弥陀》《贤护》等经，晚年修建净土堂，内造阿弥陀佛及观音、势至三尊像。这些都是其念佛的有力的证据。从碑文前后来看，他最初被称为“寺主”，其后被称为“实际寺主”，很明显，建在其师父善导阇梨墓侧的伽蓝的主人就是他。明万历年间（1573—1620）实地考察西安城南名胜古迹的赵崡在《游城南记》(《石墨镌华》卷七附录)中有记载:胡村寺原名宝际寺，在香积寺和百塔寺之间。而香积寺在其西北十里，百塔寺在其东南五里。由下所述可知，这个宝际寺，为实际寺之误。

赵崡记曰:“壁间有进法师塔铭”。《石墨镌华》第一目录中有“唐大德进法师塔铭，陈光撰，僧智祥书，在温国寺”一项。保存在《金石萃编》卷八十二中的“大唐大温国寺故大德进法师塔铭并序”说的就是这个。塔铭磨损之处太多，无法通读，中有“始迁香积□□，终□温国大德”“开元二十四年（736）八月□日终，□□十五日，窆兹隧礼”等语句。由此可知，进法师从某寺迁至香积寺，进而入住温国寺，开元二十四年（736）圆寂。本来，实际寺位于京师太平坊，据《龙门卢舍那佛铭》(第二辑)可知，该寺曾是善导阇梨的居所。据《长安志》记载，实际寺创建于隋代，景龙元年（707）改为温国寺。实际寺主怀恽的弟子思庄成为大温国寺主，说明实际寺与温国寺有密切的联系。如我推测，怀恽在善导墓侧修建的寺庙如果是实际寺的话，那么，实际寺之名是伴随着善导迁到了神和原，京师的实际寺改名为温国寺大概也是这个原因。《长安志》关于温国寺改称的理由有“殇帝为温王，改为温国寺”一说，但句义难懂。而且，从进法师的塔铭来看，连温国寺的名称也被迁移到神和原。《陕西通志》卷二十八引《贾志》称，温国寺在城南四十里潏水岸，原本是隋代的实际寺。《长安发碑记》以怀恽建立在善导墓侧的寺庙为实际寺，说它是后来的神和原温国寺。这种说法证明了我的推断。应该说，寺庙及其名称都伴随着善导被迁至神和原。

关于善导的圆寂年代历来就有两种说法:其一为龙朔二年（662），其二为永隆二年（681）。总章元年（668）以后，善导作为念佛行者，教导怀恽十有余年。毫无疑问，善导是净土教之大成者。根据所掌握的第一手资料《金石》进行研究，只得认可永隆二年（681）这一说法。(常盘大定 文)

图 21 · 碑林 · 唐隆阐法师碑 · 拓本

图 22-2 · 碑林 · 唐隆阐法师碑碑侧花纹 · 拓本

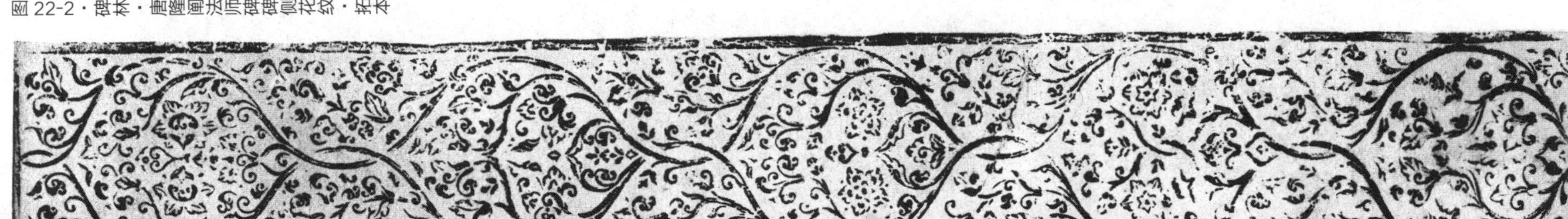

图 22-1 · 碑林 · 唐隆阐法师碑 · 碑侧花纹

唐邠国公功德铭碑

碑身高约八尺，宽四尺一分，厚一尺。螭首损毁不存。碑侧左右的宝相花纹中，其上部浮雕各路神将，其下部浮雕瑞兽灵鱼，气势雄劲，实为唐代碑侧花纹的压卷之作。背面有宋景祐元年（1034）正月五日的刻字“中书门下牒永兴军”。（图23、图24）（关野贞 文）

碑题为“邠国公功德铭并序”。未记载撰者及书者的姓名。长庆二年（822）建立。据碑文可知，邠国公即“右街公德使，骠骑大将军，行右武卫上将军，知内侍省事，上柱国邠国公，食邑三十户充，右神策军护中尉，安定梁公”。曾读佛言，亲释迦，以温惠为甲胄，以清慎为戈矛。元和十二年（817），蔡人挑起争端时，邠国公以温情慰藉五千叛卒，没杀一人就平定了事态，使十万王师对其大德心悦诚服。邠国公于元和（806—820）、长庆（821—824）两年代更替之际，求善书者，于大兴唐寺花严院为国家抄写大小乘三藏五千三百二十七卷，并建立经堂一所，堂内造转轮经藏一处，极尽轮奂之美。又让无染沙门贞实等二十七人揭示佛教之奥旨，以图广福。因他如此尽心为国，与穆宗结成君臣水鱼之交。此碑是为纪念其公德而建。金石书中未收此碑碑文。（常盘大定 文）

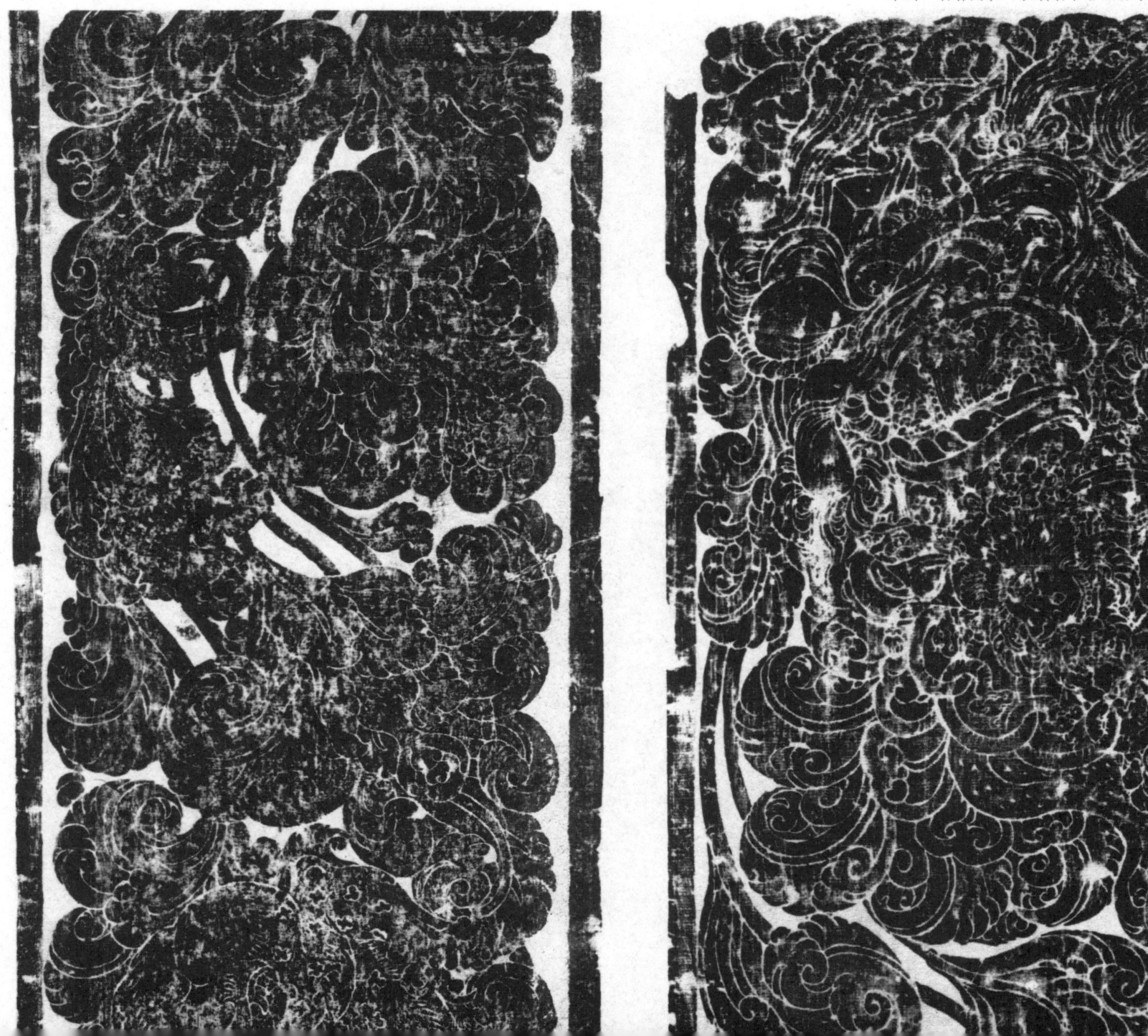

图 23・碑林・唐邠国公功德铭碑・碑侧花纹・拓本

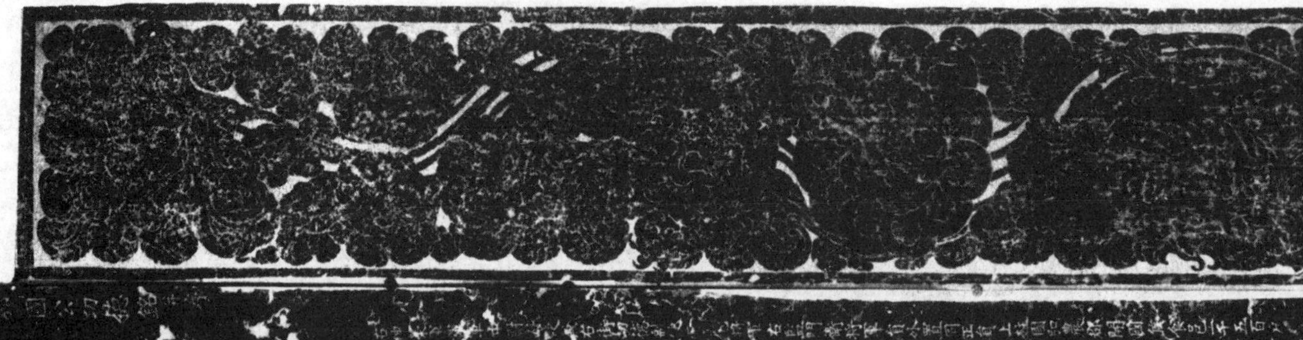

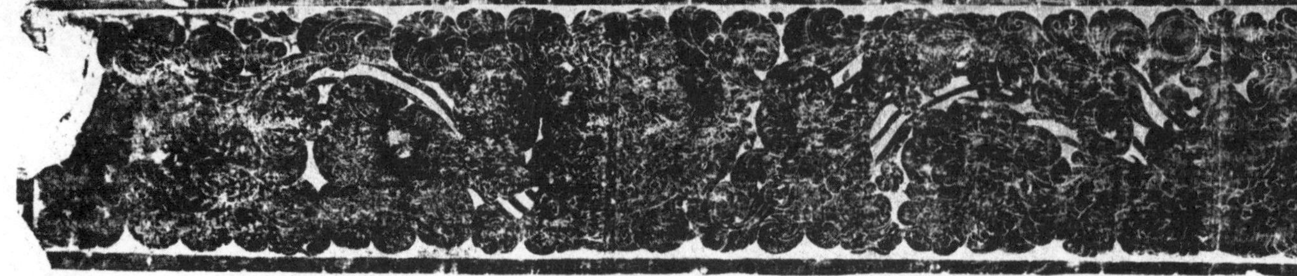

图 24・碑林・唐邠国公功德铭碑・拓本

唐濮阳令于君之碑

大唐故骑都尉濮州濮阳令于君之碑，位于碑林第三建筑（即由中堂及东西两庑等三个部分构成的建筑物）中西庑的西北角的八角小亭中。碑冠的螭首雄伟壮丽，体现出唐碑的特色。碑上无花纹。（图 25-1）（关野贞 文）

唐御史台精舍碑

唐御史台精舍碑逊色于其他唐碑，并无值得一看的特色。然而螭首绝不亚于其他，同样雄伟壮丽。此碑为开元十二年（724）所建。（图 25-2）（关野贞 文）

图 25-1・碑林・唐濮阳令于君之碑

图 25-2・碑林・唐御史台精舍碑

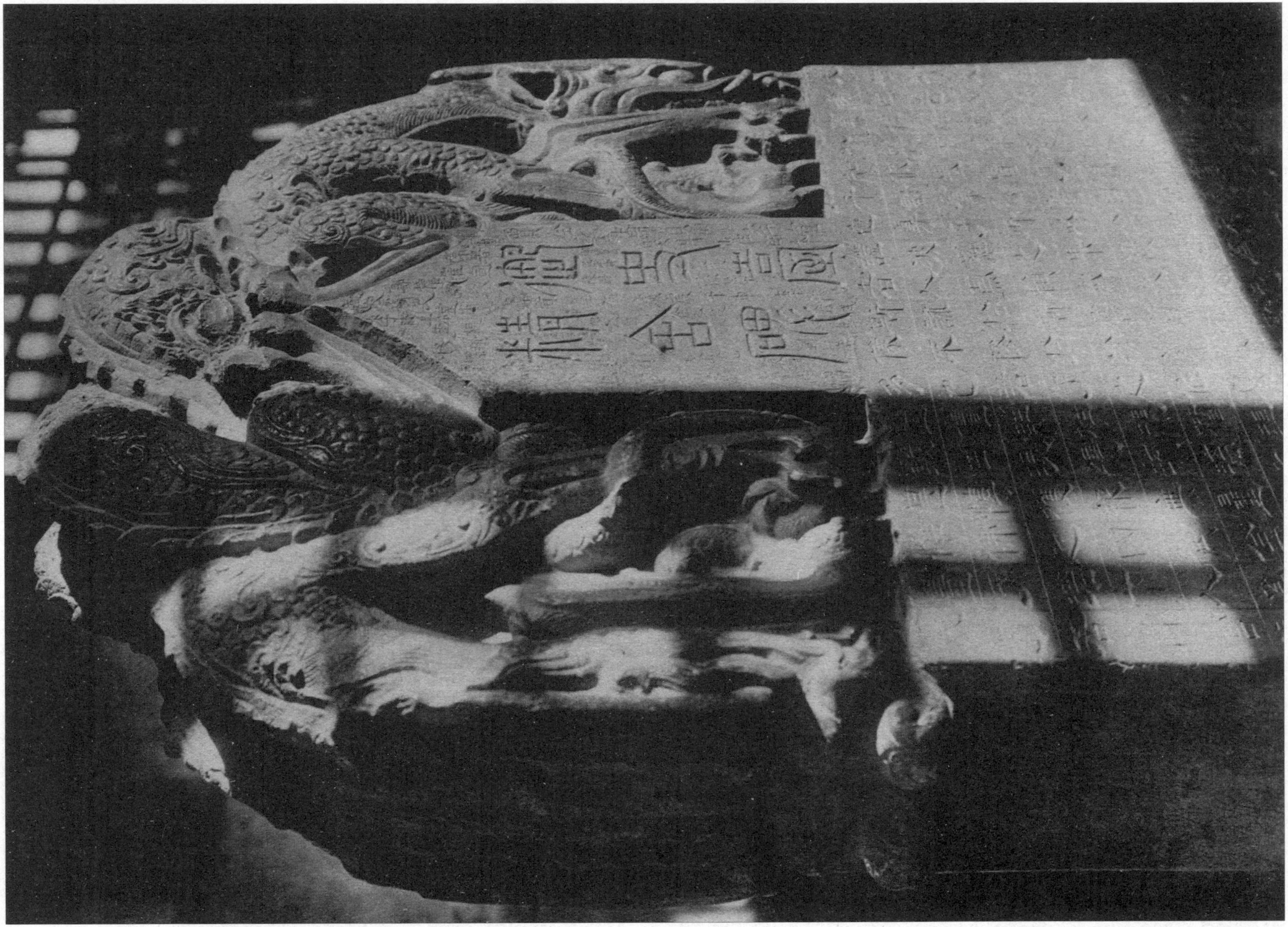

篆书千字文碑

篆书千字文碑建于乾德三年（965）十二月（即宋初），样式手法上保留唐代的遗风，螭首之雄丽、碑侧花纹之瑰奇，实为宋代第一杰作。但是与唐大智禅师碑和多宝塔碑相比，却不能同日而语。中国的艺术在唐代达到了最高潮，尔后逐渐低落，直至今日。因此，这通碑不如盛唐的作品，是时势的变迁造成的不得已的事情。碑阳雕刻继李阳冰之后的篆书第一人梦英的篆书千字文，题额是袁正已的隶书。碑宽三尺六寸一分五厘，厚一尺八分，通高十尺七寸五分。(图 27-2) 碑后刻有乾德五年（967）九月，陶壳撰、皇甫俨正书的篆书千字文序。(图 26、图 27) 文中有“史籀没而蔡邕作，阳冰死而梦英生”等赞扬梦英的语句。无论如何，碑上梦英的篆书、袁正已的隶书、皇甫俨的正书，皆为当时一代之首选，后人难以企及。

图 27-1 · 碑林 · 篆书千字文碑 · 拓本

图 26 · 碑林 · 篆书千字文碑

图 27-2・碑林・篆书千字文碑・拓本

寄赠梦英大师诗刻

寄赠梦英大师诗镌刻在大唐故翻译大德益州多宝寺道因法师碑的背面。宋咸平元年（998），刻作者把当时赠送给著名篆书家梦英的三十一首诗刻在碑上，并在碑额处雕刻梦英的真人像。这是宋代直接将唐碑的碑阴加以直接利用的作品。

三十一首诗，以翰林学士陶亮、工部尚书致士杨昭俭的诗开始，结尾处还有希夷先生陈抟的诗。（图28-1、图28-2）（常盘大定 文）

篆书目录偏旁字源碑

此碑建于宋咸平二年（999）六月，梦英书，并刻有自序。碑宽三尺四寸七分，厚九寸，高十尺左右，螭首的样式手法与篆书千字文不分伯仲。碑阴雕刻宋至和元年（1054）四月由文彦博撰写的京兆府小学。篆额的左右，阳刻有优美的牡丹唐草花纹。（关野贞 文）

图28-2·碑林·寄赠梦英大师诗刻·拓本

图 28-1・碑林・寄赠梦英大师诗刻

大宋新译三藏圣教序碑

大宋新译三藏圣教序碑由应运统天睿文英武大圣至明广孝皇帝制，永兴军太壹山开利寺沙门云胜书并篆额，端拱元年（988）建。

碑碣的样式大成于唐代，以至于后世几乎没有对其修改。宋碑毕竟是唐碑的继续，虽然承袭其手法，但在技巧方面则渐次退化。在宋代初期，螭首的形制和碑侧的花纹还颇为雄丽丰美，但鲜有能与唐碑比肩者。宋初乾德元年（963）建造的梦英篆书千字文碑，技术精湛，与唐碑毫无二致，但后日渐出现衰败的倾向。碑林中的宋碑，除这里举出的新译三藏圣教碑之外，还有大中祥符元年（1008）的元圣文宣王赞碑、天圣六年（1028）的慎刑箴碑、建隆三年（962）的修文宣王庙碑等，但都达不到能引起重视的程度。总之，随着时代的推移，表现手法愈显僵化呆板，平板粗杂。该碑的龙纹破损残缺。（图29）（关野贞 文）

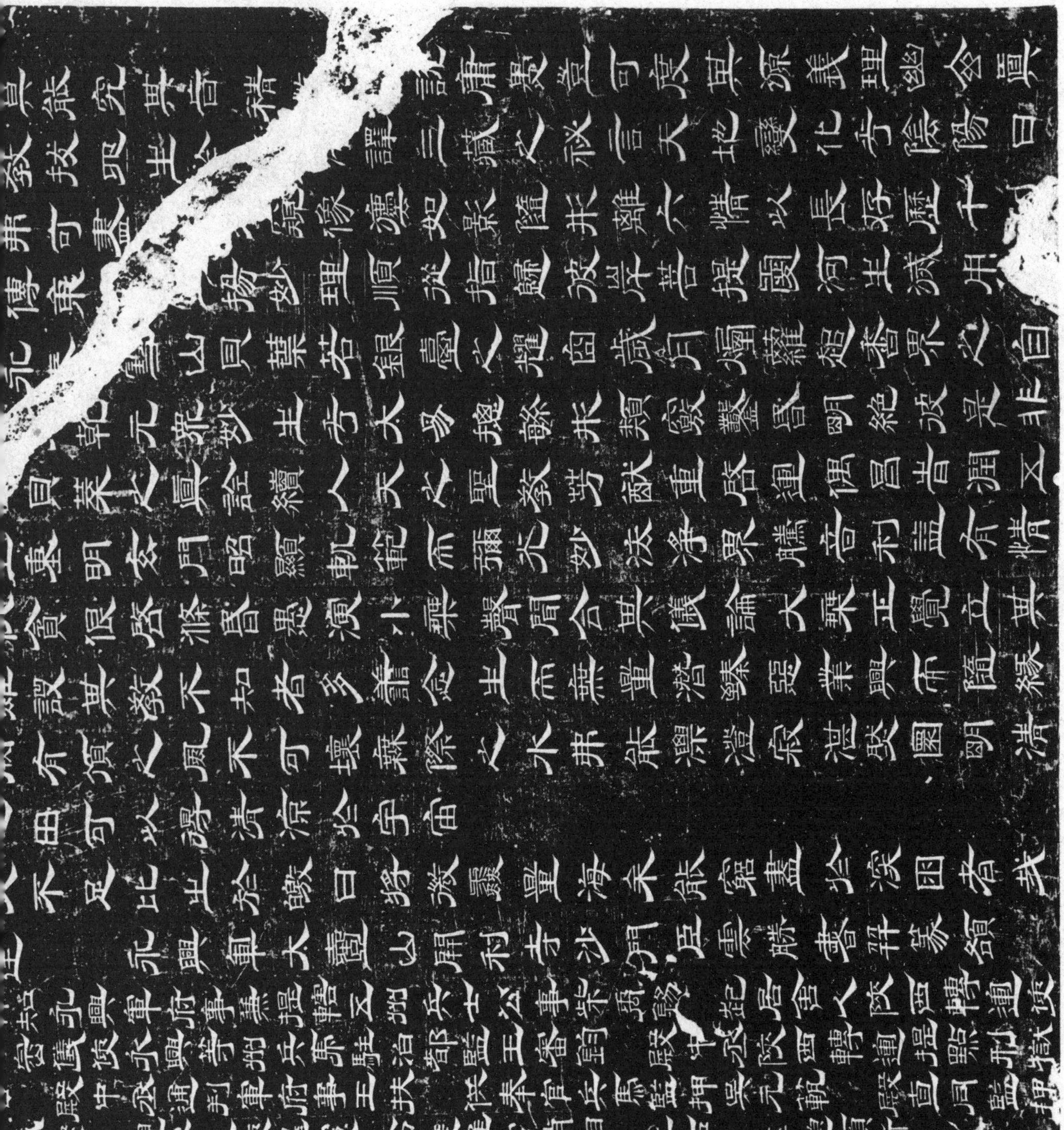

图29・碑林・大宋新译三藏圣教序碑・拓本

花塔寺（宝庆寺）

花塔寺位于西安府城南门的内安仁坊（图 30-1），本名宝庆寺，俗称花塔寺。建于隋代仁寿初期，隋文帝、唐中宗曾临幸该寺。因唐文宗感见蛤蜊观音，故在此修建五色塔，此就是花塔寺的来历。然而，在修建五色塔之前，此处有一花台，由杨氏建造，因此，曾被称为杨花台。（常盘大定 文）

本尊安置在佛殿内的星形台座之上，身后背光施富丽装饰。本尊的面相、姿势及衣纹皆为喇嘛式，尤其是莲座的背光，喇嘛式的表现手法更为浓厚。背光的上部雕刻有迦楼罗及两龙女，左右刻鳄鱼，下部刻两菩萨，周边绕有草花纹。这座佛像大概建成于清初，作为当时的佳作，值得关注。（关野贞 文）

砖塔

花塔寺中有一砖塔，建造年代约是明末清初（图 30-2）。其形态、构造、手法都不足以欣赏，但壁间嵌入的佛画像石皆与佛殿内的佛像样式相同，应该属于唐代初期的作品。（关野贞 文）

1902 年 9 月，工学博士伊东忠太氏寻访花塔寺时，看到砖塔第二层的右方佛龛内（图 30-3）尚有弥勒石像，但在 1906 年，笔者前往察看时，弥勒石像已经被搬往他处，不见踪影。1928 年 3 月归细川护立侯爵收藏。（常盘大定 文）

佛像用白色大理石雕刻而成，戴宝冠，配胸饰，坐在圆座上。左腿履莲花，右脚盘在左膝上，左手置于其上，右手折损，不复存在。面轮略长，容貌温雅，衣裳的皱襞由遒劲的曲线反复勾勒而出，尤显壮美浑雅之风。背光呈宝珠状，留有当初以彩色描绘火焰的痕迹。

根据其样式手法可以看出，该佛像属于北魏初期的作品，是中国现存此类雕刻中最杰出的作品之一。（关野贞 文）

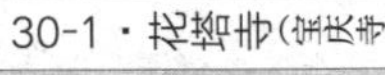

图 30-1 · 花塔寺(宝庆寺)

图 30-2 · 花塔寺(宝庆寺) · 砖塔

图 30-3・花塔寺(宝庆寺)・砖塔

佛像刻石

佛殿面南，正面三间，侧面四间，为单层小堂宇建筑，因其内部保存有大量佛像刻石而闻名，但近年来，此等刻石大多流向海外。笔者于 1906 年秋冬亲临该寺，进行调查并拍下照片。在此记述佛殿当时的状况。

佛殿的正面三间及后面居中的一间设有门，东西侧壁及后方入口的左右侧壁以砖砌成，嵌有画像刻石。东壁嵌有五屏三尊佛阳刻，西壁也同样镶嵌着五屏三尊画像石，最靠北的那块三尊佛像石，其左右还立着立菩萨画像刻石。(图 31) 后门的左右壁也有三尊佛石各一屏。

佛殿内有一个平面为长方形的佛坛，其东西侧也分别嵌有两个三尊佛的石屏。(关野贞 文)

寺内的诸佛像都是从城东光宅坊的光宅寺搬运而来的。据《金石萃编》卷七十五记载，有寺僧说佛像刻石之前藏于塔内，塔毁后重修时，被移至寺殿内。光宅寺创立于仪凤二年（677），武后在此置七宝花台。在长安三年（703）参与造像的王璇、萧元春、僧德感所写的记事中对七宝花台均有言及。其后，在成立于开元十二年（724）的虢国公杨花台铭并序中记载有辅国大将军虢国公杨等抽净俸、申庄严之事，说以华盖覆像，用玉石砌龛。台中有诸多佛龛，由此可以推知龛中供奉着诸多石佛。铭文中有“杨等”的说法，因此可知，花台的建设得到众多官僚的协助。其中，倾其全力的是虢国公杨思勖，因此，特别说成“杨等”。为表示花台是杨等建造的意思，将花台称为杨花台。洛阳龙门也有杨思勖的造像。不过，七宝台与杨花台并非同一回事情。七宝台由武则天打造，杨花台由杨思勖制作，其后还有五色塔。(常盘大定 文)

花塔寺佛像刻石配置图

虢国公杨思勖造三尊佛像

这块刻像石原镶嵌在花塔寺佛殿内壁间，1906 年，笔者往访时，早已搬往别处，不见踪影。1928 年 3 月归细川护立侯爵藏。据佛像下的刻铭可知，由虢国公杨思勖等制作于开元十二年（724）十月八日。

本尊释迦如来坐于方座之上，双脚垂地，脚踏数朵莲花，面相端丽，左手置于膝上，右手举至胸前，但已破损。其姿势齐整，衣纹的手法颇为流畅婉约，透过衣服，宛然可见双脚，是殿内造像中的杰作。

本尊的背光为多棱形，台座的后屏上雕刻兽形，雕刻手法与本尊相同，皆受到中印度笈多式的影响。台座左右分别刻有狮子。

本尊的左右有胁侍菩萨立像。左胁捧香果，执天衣；右胁持拂子，携宝瓶。皆负宝珠形背光，立于莲花台上，面相姿势颇具柔婉之风。

本尊的上方有天盖，天盖的左右雕刻飞天，顶部与檐角均饰有宝珠、垂璎珞。（关野贞 文）

据《金石萃编》卷七十五：虢国公杨花台铭并序碑之外有杨将军新庄像铭碑。铭序碑有序而无铭，文末记“判官亳州临涣县尉申屠液撰”，无年号。又铭碑有铭而无序，且无撰文者，文末有年号“开元十二年（724）十月八日”。其书风如出一手，碑之大小亦相等。关于两碑说，学者各有见解，但不外乎于为当时制作了形式相同的三尊佛两座，并分别在其佛座下雕刻序和铭，一方记撰者名，另一方记年号。从末尾处无铭这一情况看来，推测还有与之成对的三尊佛碑存在。杨将军新庄像铭碑必定就是。鲍廷博从《旧唐书》中查到宦官杨思勖的传记，据载，开元初（712），安南首领梅元成叛乱，杨思勖奉旨讨伐叛军，并斩梅元成。十二年（724），五溪首领覃行璋作乱，杨思勖再次奉旨讨伐，并生擒覃行璋。因军功杨被加封为辅国大将军，其后，随着东封，被加封为骠骑大将军，虢国公。像上铭文中的“开元十二年（724）”，在讨伐覃行璋之后。“受圣寄任，闻难经论。英谋贯古，韬略通神。一蒙金钺，屡建华勋。善代不伐，功成不居。功归天子，善托真如。”应该说的就是这件事情。此外，序中有“辅国大将军虢国公杨等”“牛车鹿裘，骠骑减中人之产”等说法，这显然说的是十三年（725）东封以后的事情。（常盘大定 文）

图31・花塔寺（宝庆寺）・西壁

东壁第一　三尊佛像

本尊趺坐须弥座上，左右有两胁侍菩萨的立像。本尊的上方，菩提树枝繁叶茂，呈天盖状，其两旁饰以姿势自由的飞天。本尊的前面雕刻香炉及两个供养菩萨像，其图样手法与（下文中的）西壁第三的三尊佛像不分伯仲，给人颇为温柔优雅之感觉。（图 32）（关野贞 文）

东壁第二　弥陀三尊佛像

据图像下面的刻铭可知，建于长安三年（703）九月十五日。文中的年月日采用的是则天文字，“𠦚”为“年”，“𠥱”为“月”，“𡆠”为“日”，“𠙺”为“正”。（常盘大定 文）

本尊安置在莲座上，右手高举张开，左手置于膝上，第四、五指弯曲。面容柔婉，衣纹手法略带写实风格，稍欠圆熟。右胁侍手捧香果，左胁侍一手执拂子，一手携宝瓶。姿态皆带优雅美丽之趣。本尊台座下方的左右作刻养小菩萨像，而且刻铭的左右也刻有供养小菩萨。

图像的上方有天盖，左右点缀飞天和云纹，意匠颇为流畅隽丽。（关野贞 文）

图 32・花塔寺(宝庆寺)・东壁・第一石

西壁第一　三尊佛像

本尊趺坐于须弥座上，戴宝冠，着胸饰，持宝钏，身后的宝珠形背光内有火焰。左右立着胁侍菩萨。上方有饰有宝铎璎珞的宝盖，其左右雕刻飞天。这三尊佛像，头部略大，但面相带雄劲之趣。姿势及衣纹的表现手法稍欠缺圆熟，大概也是唐初的作品。本尊须弥座的中央刻有香炉，左右刻着狮子。（图 33）

（关野贞 文）

图 33 · 花塔寺(宝庆寺) · 西壁 · 第一石

西壁第三　三尊佛像

此为释迦如来在菩提树下降魔时的情景，本尊趺坐于台座之上，左右站立两菩萨伺候。本尊面容雄丽，头发打旋，姿态端庄，衣纹线条最为流畅，表现手法自由。台座中央摆放香炉，左右有供养者各一人。两胁侍菩萨也颇具优雅婉约之风格。本尊上方的菩提树枝繁叶茂，呈天盖状，左右饰有飞天。这也是唐代初期的作品，属佛殿内画像石中的上乘之作。(图 34)（关野贞 文）

图 34 · 花塔寺(宝庆寺) · 西壁 · 第三石

西壁第五　菩萨立像

在西壁第五弥勒三尊佛像石的左右分别有立菩萨像石，皆为十一面观音。面相优雅，姿体修长，比例尤美。衣纹线条也纤丽，胸间佩带精美饰物。或举手持宝花，或垂手执天衣，面向背光。其左侧者，以宝相花为背光轮廓，其内配碎小花纹；右侧者，其宝珠形背光内雕刻火焰、花纹等。立像上方的左右皆刻着飞天。是殿内画像石中最优秀作品之一。（图35-1、图35-2）（关野贞 文）

西壁第五　弥勒三尊佛像

为长安三年（703）兰陵的萧元春慎所造。中央有弥勒佛倚像，左右有胁侍菩萨立像，表现手法虽然都简单，但颇具优雅之风。本尊足下有青莲涌动，左右两狮伺候。两菩萨皆立于莲台之上，一个手持佛子，一个手捧香果。本尊的两旁的树干挺拔，枝叶繁茂，覆盖本尊头上。有宝盖高悬其间，飞天不离左右。（关野贞 文）

铭文中有则天文字，“埊”为“地”，“𠀑”为“天”，“𤯔”为“人”，“𠡦”为“年”，“𡆠”为“日”，“𠥱”为“月”，“𢘑”为“证”。

图 35-1・花塔寺(宝庆寺)・西壁・第五石・右菩萨像

图 35-2・花塔寺(宝庆寺)・西壁・第五石・左菩萨像

北壁东方　三尊佛像

图像下有刻铭，但只记载了供养者的官名，没有年号，并且部分缺失。这三尊佛，手法颇为精练，为殿内图像石之杰出。本尊趺坐于八角座上，衣襟前垂。面相华美，衣纹手法流畅。背光内刻有火焰和草花纹。左右胁侍菩萨，姿态优美，容貌衣纹皆出于巧丽之技。本尊的上方有丰美的宝盖，胁侍菩萨的上方有上下开放的莲花作天盖，以弯曲的花茎支撑上方。花茎上缀莲叶和莲蕾，颇为奇特。制作年代不明，可能成立于初唐武后之前。（图 36）（关野贞 文）

图 36 · 花塔寺(宝庆寺) · 北壁东方 · 三尊佛像

开元寺

开元寺位于西安府城内。(图37)关于开元寺，嘉庆己卯(1819)高廷法、陆耀遹等重修的《咸宁县志》卷十二中有如下记载：

位于县治西，唐开元元年(712)建，故名“开元寺”。后殿有玄宗御宫(《马氏通志》)。开元二十八年(740)正月二十八日，玄宗于延庆殿与胜光法师辩论佛恩德，乃令天下州府各置开元寺一所(元胜碑)。唐太尉许国公移旧额至此。宋建隆四年(963)，中书令琅琊王彦超及僧嗣麟重修(侍御史刘塔义记)。明嘉靖四十二年(1563)修。其后有藏经阁。皇朝康熙三十(1691)年，镶白旗防御佟阿利等重建(通政使周之桂记)。(常盘大定 文)

列举寺内值得一看的遗迹，如下：

(1)重修开元寺行廊公德碑　建隆四年(963)七月十七日建立

(碑阴)石溪和尚道行碑录　至正二十二年(1362)岁次壬寅四□□

(2)唐陀罗尼经幢

(3)唐佛顶尊胜陀罗尼幢　咸通七年(866)二月十五日

(4)元大开元寺兴致碑　延祐六年(1319)岁次己未正月

其中，最惹人注目的是元大开元寺兴致碑。(关野贞 文)

图 37 · 开元寺

大开元寺兴致碑

碑首呈半圆状，其内作长方形题额，篆刻“大开元寺兴致”。其上阳刻迦楼罗及两龙女，左右阳刻纤丽的宝相花纹。迦楼罗和龙女为喇嘛式的手法。（图38-1）（关野贞 文）

圆形碑首下方刻玄宗皇帝与胜光法师问答的场面。再下方刻有“大开元寺兴致”碑文。此碑由戒坛住持圆觉等于延祐六年（1319）打造。碑文记载了开元二十八年（740），玄宗皇帝在延庆殿与胜光法师辩论佛的恩德，并令天下州府各设置开元寺一所的故事。碑文末尾有附记称，碑文中的记载来源于金贞祐四年（1216）弘教大师澄润书写在开元皇帝祠堂墙壁上的一段文字。

作为历史资料该碑文极其贵重，从中可以了解各州设开元寺的缘由。但是，关于设置年代说法不一。据《佛祖统纪》第四十中记载，开元二十六年（738），敕令于天下诸郡修建龙兴、开元二寺，行道散斋。如是的话，碑文中的二十八年必定是二十六年之误。日本的国分寺设置年代相当于唐开元二十九年（741）。

碑后面刻有华藏庄严世界海图，篆额的上部及其左右阳刻有宝相花纹。（常盘大定 文）

图 38-1 · 开元寺 · 大开元寺兴致碑 · 拓本

华藏庄严世界海图

“华藏庄严世界海图”七个字是《大方广佛华严经》中的偈文。经书中没有图，唐代中叶，华严的宗师为使经文一目了然，便着手制作此图。世界大体上皆由风轮所持，而风轮有十一个，最下的风轮称平等住，第二轮名出生种种宝庄严，第三轮名宝威德，第四轮名平等焰，第五轮名种种普庄严，第六轮名普清净，第七轮名声偏十方，第八轮名一切宝光明，第九轮名速疾普持，第十轮名种种宫殿游行，第十一轮名殊胜威光藏，而位于第十一轮上方者，名普光摩尼庄严大香水海。香水海之上有大莲花和名种种光明蕊香幢。莲花上的名为华藏庄严世界海。东西南北总为十方，其莲台周围的山名金刚轮山，其十方流淌的河乃香水河。十二座小莲花台，皆为香水海佛刹。十种圆珠都是珠宝。珠宝一侧是宝树。大莲花上有小莲花，小莲花上有二十重台。图示部分为长方形，是以便于记载经文，而实际上或圆或方，或八角或四角，形状各异，由此看来，图中的长方形没有任何意义。最下面一重的佛刹名最胜光遍照，状如摩尼宝形（圆形），佛号净眼离垢灯。第二重是种种香莲华妙庄严世界，状如师子之座，佛号师子光胜照。第三重是宝庄严普照光世界，八角形，佛号净光智胜幢。第四重是种种光明华庄严世界，状如摩尼莲华，佛号金刚光明无量精进力善出现。第五重是普放妙华光世界，其形普方且有多角，佛号香光喜力海。第六重是净妙光明世界，其形四方，佛号普光自在幢。第七重

是众华焰庄严世界，其状如楼阁，佛号欢喜海功德名称自在光。第八重是出生威力地世界，状如因陀罗网，佛号广大名称智海幢。第九重是出妙音声世界，状如梵天身形，佛号清净月光明相无能摧伏。第十重是金刚幢世界，其状周圆，佛号一切法海最胜王。第十一重是恒出现帝青宝光明世界，状如半月，佛号无量功德法。第十二重是光明照耀世界，状如华旋，佛号超释梵。第十三重是娑婆世界，状如虚空，佛号毗卢遮那。第十四重是寂静离尘光世界，状如执金刚形，佛号遍法界胜音。第十五重是众妙光明灯世界，状如卍字，佛号清净日功德眼。第十六重是清净光遍照世界，状如龟甲，佛号不可摧伏力普照幢。第十七重是宝庄严藏世界，八角形，佛号无碍智光明遍照十方。第十八重是离尘世界，状如珠瓔，佛号无量方便最胜幢。第十九重是清净光普照世界，无形状记载，佛号普照法界虚空光。第二十重是妙宝焰世界，状如宝庄严具，佛号福德相光明。此二十重，上阔下狭，如倒置浮图。据图相可知，此二十重世界来源于佛教经典的说相。

宋吴铠庵曰："华严莲华藏世界海，乃实报无障碍土也。昔海禅师虽出其相（圆相），而说义未周。止禅师（天台）说义颇悉，而未显其相。今双收二家，且考之经目，曰'法华常在灵山'。盖依智者所指故也。"吴铠庵是以天台为宗的居士，故以此华藏庄严世界海而常在灵山，不无道理。欲知详细者可读实叉难陀译的《华严经》八、九、十卷。（图 38-2）（常盘大定 文）

图 38-2・开元寺・大开元寺兴致碑・碑阴・华藏庄严世界海图・拓本

唐京兆开元寺钟铭

这口钟是否存在，未经调查不得确定，但有石碑上的铭文旧拓本。该铭文由秘书监检校侍中巨鹿郡魏征撰写，银青光禄大夫欧阳询书，因此，仅这个铭文有载录价值，铭文如下：

维京兆开元寺遭罹，水火漂焚之馀，僧澄观与其徒僧若干，复旧室居，作大钟，景云三年(712)厥功成。于是征辞以纪之。

八月梓人功既休，戊寅大钟成。先时厥初，罹于天菑。波沉火燔，既浮为薪，既蜚为尘。澄观之功，恢复其居，革旧而新。环墉如陵，台殿斯严。乃三其门，俾后勿逾。其徒不哗，咸服其勤，有加于初。屋室既同，乃范乃镕，乃作大钟，乃悬于楼，以鼓其时，以警淮夷。非雷非霆，铿号其声，淮夷其惊。上天下地，弗震弗坠，大音无斁。千僧戮力，愿昭其绩，乃铭于石。(图39)（常盘大定 文）

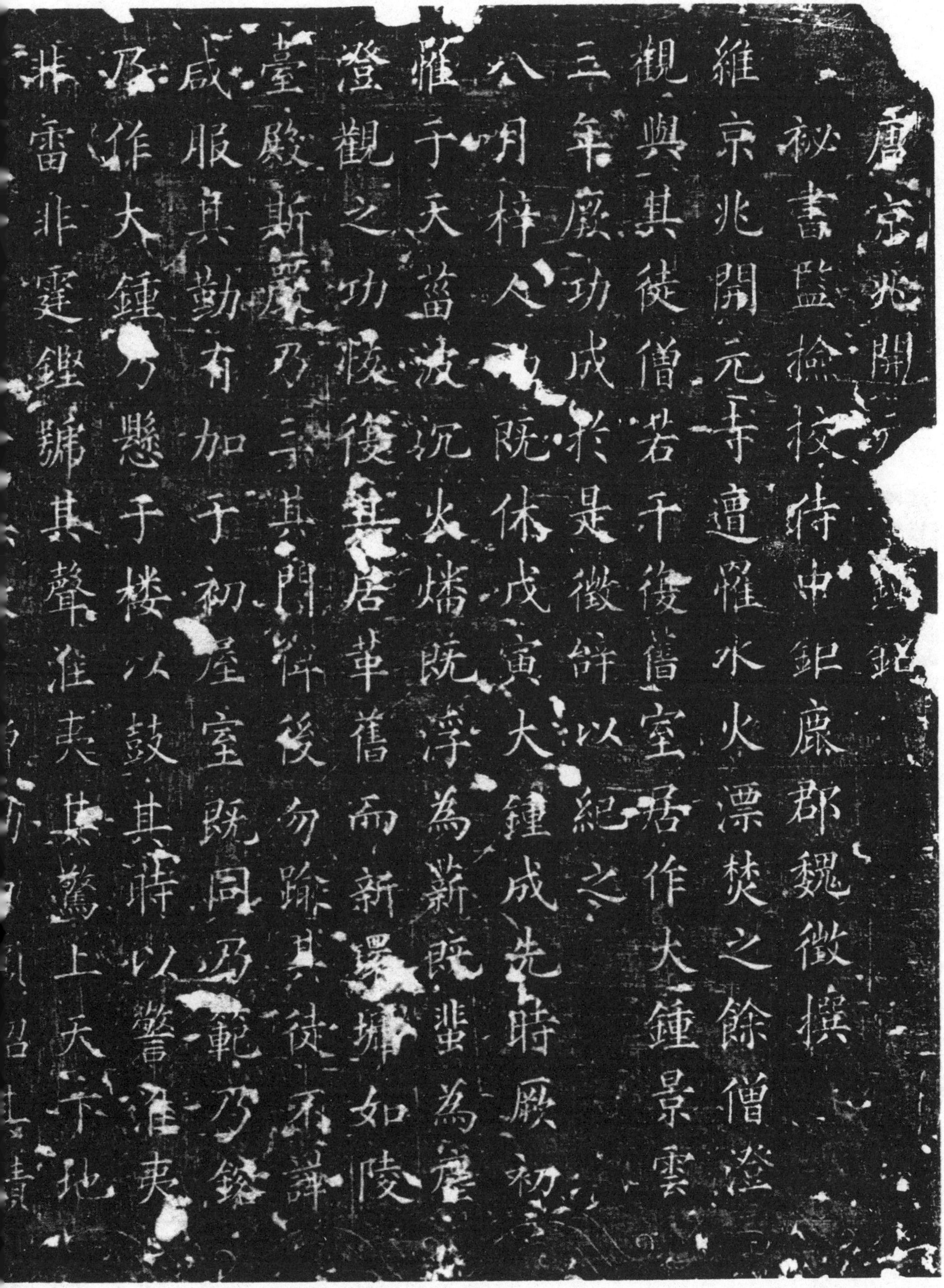

图 39 · 开元寺 · 唐京兆开元寺钟铭 · 拓本

唐京兆開元寺鐘銘

祕書監檢校侍中鉅鹿郡魏徵撰

維京兆開元寺遭罹水火漂焚之餘僧澄
觀與其徒僧若干復舊室居作大鐘景雲
三年厥功成於是徵辭以紀之
八月梓人既休戊寅大鐘成先時厥初
罹于天菑波沉火燔既淨為薪既蜚為塵
澄觀之功殘復其居革舊而新還擁如陵
臺殿斯嚴乃寺其門伻後勿踰其徒不譁
咸服其勤有加于初屋室既同乃範乃鎔
乃作大鐘乃懸于樓以鼓其時以警淮夷
洪雷非霆鏗鏘其聲淮夷其驚上天下地

卧龙寺

卧龙寺在西安府城内。(图40-1、图40-2)关于卧龙寺，嘉庆己卯(1819)高廷法、陆耀遹等重修的《咸宁县志》卷十二，有如下记载：

在六海坊四牌楼南，有吴道子画观音像及佛足迹碑。初以像名观音寺。宋有僧维果，长卧其中，人以卧龙呼之，故名。(《贾氏通志》)

寺在隋为福应禅院，唐名观音寺，宋太宗更名卧龙。明正德十六年(1521)重修。(《秦藩的碑记》)(常盘大定 文)

寺内建筑不足观赏，但碑幢等有吸人眼球之处。其中：石幢、印大藏经典颁赐天下碑和西安卧龙禅寺之记碑最引人注目。此外，还有用白色大理石打造的石塔盖石，其盖檐刻有优雅华丽的饰物。毫无疑问，这是唐代的作品。

石幢乃通过收集不同时代的残石打造而成。幢身为八棱形，雕刻有细书正字。磨损颇多。趺石上方雕刻莲花，四面有阴刻的花纹，但不够清晰。幢身顶上有盖，原为某物的台座石，后被搬来用作幢盖。盖的上部浮雕丰美的莲花，四面阴刻舍利供养图、风神及其他怪异的神物，明显为南北朝式。盖上安放有后世制作的宝珠。(图41-1、图41-2)(关野贞 文)

图40-1·卧龙寺

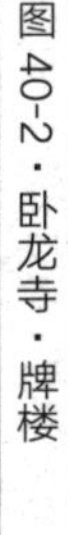

图 40-2 · 卧龙寺 · 牌楼

图41-1・卧龙寺・六朝刻石

图 41-2 · 卧龙寺 · 六朝刻石 · 花纹 · 拓本

卧龙禅寺之记碑

此碑宽三尺二寸三分，厚九寸，通高约八尺五寸，洪武十五年（1382）建。天台宗沕受住持道心之请撰文并书。螭首模仿唐式，其技巧直逼宋元。额内阴刻篆书“卧龙禅寺之记”，碑身周缘雕刻有优雅的宝相花纹和云龙等。该碑立于方趺之上，碑阴雕刻“释迦佛手字”及“释迦如来双迹灵相图”。（图 42-1、图 42-2）（关野贞 文）

据碑文载，佛教有禅教律三宗，各以佛心、佛言、佛行为主。其中以佛心为主的禅宗在当时最为盛行，而卧龙寺的禅宗，创建于唐代。本寺最初在左街，被称作感应福报。卧龙和尚的名字出现在各种书籍中。唐代遭遇兵火，迁往内城东南隅，宋太祖曾寄宿寺中，见题额上“卧龙”二字，以为吉兆，即位后乃卜地修缮，寺院规模日益扩大。到元代至元年间（1335—1341），明达、行守相继任住持，隆公继后，大云兴公奉旨，在寺院背后开堂。在其弟子道心任住持时，秦地才进入明的版籍，寺归军有。洪武十三年（1380），道心请求官吏，收回寺院，与众生再兴该寺。

在了解时代动乱之际佛教寺院受到何种影响这方面上，此碑文是最佳的文献资料。（常盘大定 文）

图 42-1 · 卧龙寺 · 卧龙禅寺之记碑

臥龍禪寺之記

图 42-2 · 卧龙寺 · 卧龙禅寺之记碑 · 拓本

唐故卧龙寺黄叶和尚墓志铭

该墓志铭在武德三年（620）由守黄门侍郎许敬宗制，弘文馆学士欧阳询书。铭文如下：

和尚自说姓张，名真志，其生缘桑梓，莫能知之。随故特进蜀人段经、兴善寺僧释永藕，并见和尚于太清(?)初，出入中条，往来都邑，年可五六十岁，未知其异也。随氏末年，稍显灵迹，被发徒跣，负杖挟镜，或徵索酒肴，或十馀日不食，预言未兆，悬识他心，一时之中，分形数处。属我皇应运，率土崩裂，和尚竟著先知，住锡黄龙寺。迨于定鼎，果护奇验。以武德二年(619)五月廿有九日，即化于卧龙寺之禅堂。……以武德三年(620)秋九月四日，葬于万年县凤□□。……爰诏有司，式刊景行。云云(图 43)（常盘大定 文）

[illegible]觀往測來[illegible][illegible]知[illegible]名[illegible][illegible][illegible]星開[illegible][illegible]反[illegible]息
假薪絕人然神明何許貽石空傳

唐故卧龍寺黄葉和尚墓誌銘[illegible]
守黄門侍郎許敬宗[illegible]　弘文館學士歐陽詢書
和尚自説姓張名真諱其生緣乘樞莫知之隨故
特進蜀人段經興善寺僧釋永備並見和尚於太清
初出入中條往來都邑年可五六十歲未知其異也
隨氏末年稍顯靈跡被髮徒跣負杖挾鏡或徵酒
肴或十餘日不食預言未兆識他心一時之中化
形數處屬我皇應運率土崩裂和尚覺靈先知往
錫黄龍寺造於蹔鼎果護奇驗武德二年五月廿
有九日即化於卧龍寺之禪堂先是移寺之金剛像
出置戶外語僧衆曰菩薩當去爾其自日無疾而逝
沉舟之痛有切皇心爰葬資須事豐優遣以武
德三年秋九月四日葬於□年縣鳳栖原墳瑩
撫躬自幕而驚心爰詔有司式刊景行其銘
[illegible]金粟降靈猗歟大士權跡[illegible]
明[illegible]

释迦如来双迹灵相图

释迦如来双迹灵相图，在卧龙寺记碑的背面，刻于明洪武二十年（1387）。中央雕刻佛迹，上额内刻“释迦佛手字”，下刻佛足石的相关记录。佛迹为双迹，左右相并，各足迹内阴刻有轮相、宝瓶、双鱼、宝螺、宝剑等图案，足跟部阴刻梵王顶相，十趾上雕刻“卍”字。石碑上方题“释迦如来双迹灵相图”，碑题上方的额内刻“释迦佛手字”，以雷纹环绕。额上方雕刻有释迦、文殊、普贤像。

此佛迹图在当今的中国也很著名，河南嵩山少林寺和浙江宁波的阿育王寺内都有该碑的摹刻碑。

少林寺佛足石碑上的“释迦佛手字”、双迹以及下段刻文与卧龙禅寺的相同，但是，碑刻的末尾处添加了以下文字：

嘉靖四十五年(1566)岁在丙寅仲春望日

钦依祖庭少林寺传授曹洞正宗第二十四世嗣祖沙门宗书。同门人上石。

并在“手”字的左右雕刻二天王像，在上部阴刻释迦三尊像以及梵文“唵摩尼巴弥吽”，全部以雷纹带围绕，其下方铭刻有助成者、石匠等的姓名。（图44-2）（关野贞 文）

阿育王寺佛足石碑是光绪二十五年（1899）癸亥重新摹刻的，图样、刻纹与卧龙寺的大致相同，但碑文末尾处有以下文字：

大清光绪癸亥□□□郑文藻敬书

鄞县陆万源募资重镌

刻文左右空白处阴刻有蝙蝠及龙形唐草纹。（图45）

据记载，此类佛足迹图在中国内地各处都有，但著者一行见过的只有这三通碑。然而，曾保存在宁波延庆寺的佛足石，却于嘉庆十七年（1812）在朝鲜庆尚右道咸阳郡智异山安国庵开刊。其下部有原碑的铭文，末尾处有如下文字：

嘉庆十七年(1812)壬申春，庆尚右道咸阳郡智异山安国庵开刊。

仍兹奉祝

主上三殿下圣寿万岁。

愿刻比丘以训，伏为上世先亡父母师长一切受苦含灵。以此因缘，同生极乐，上生之愿。（图44-1）

并且原碑的碑文与卧龙寺的大抵相同，只有一两处差异。卧龙寺碑文的末尾处有“奉敕刻石供养以广传焉”，而延庆寺的只有“敕镌供养”，其后刻的是：

绍兴三十年(1160)庚辰冬。立石于延庆寺。

因此，延庆寺的佛迹图先于卧龙寺的佛迹图二百二十七年，但二者都没有记载是对什么的摹刻。笔者曾于1918年探访延庆寺，但最终没能确认这块佛足石的所在。从二者的图案几乎一致来看，溯本求源，其原本肯定为同一作品。玄奘三藏于唐贞观年间（627—649）在摩竭陀国波吒万厘（华氏城，现在的巴特那）精舍绘制并敬献给太宗、又受敕刻于石上的佛迹图，就是两者最初的原本。原本是出自于华氏城的说法应该是正确的，而玄奘三藏带回摹本的说法大概是误传。

在传入我国的佛迹图中，现存于大和药师寺的佛足石和寺内金堂本尊药师如来像足下的佛足石是最为古老的。

药师寺佛足石的图案磨损严重，有几处模糊难辨，而金堂药师像足下的则与延庆寺和卧龙寺的版本酷似，显而易见，此等图案出自同一原本。药师寺佛足石的刻文中首先有碑题“释迦牟尼佛迹图”，然后引《西域传》《观佛三昧经》中文字，记下摩竭陀国、乌仗那国、丘慈国等国的佛迹之由来及其功德。此外还有以下刻铭：

大唐使人王玄策，向中天竺，□□□国中，转法轮□□见迹，得转写搭，是第一本。日本使人黄书本实，向大唐国，于普光寺，得转写搭，是第二本。此本在右京四条一坊禅院。向禅院坛，披见神迹，敬转写搭，是第三本。从天平胜宝元年岁(749)次□□(己丑)七月十五日，尽二十七日，并一十三个日作□，檀主从三位智努王，以天平胜宝四年(752)岁次壬辰九月七日，改写成。文室真人智努，画师越田安万，书写□石手□□□吕人足。□仕奉□□□人。

碑文称，这块佛足石制作于天平胜宝四年（752），其原本是黄书本实（天智、天武、持统朝的人）出使唐朝时从普光寺拓回来的，而普光寺的是王玄策从摩竭陀国临摹来的。（图46-2、图46-3）（关野贞 文）

慈觉大师的《巡礼行记》“五台山金阁寺”条下载：

亦有画脚迹，千辐轮相。并书迹之根申云，贞观年中，太宗皇帝，送袈裟使，到天竺见阿育古寺。石上有佛迹。长一尺八寸、广六寸。打得佛迹来，今在京城。转画来此安置。云云。

所谓送袈裟使，可能是指显庆二年（657）再次出使印度的王玄策。若然，那就不是贞观年间的事情。可能是口述者的记忆有误。由此可知玄奘三藏带回拓本一说是误传。还有一说认为在贞观二十三年（649）西域使者摹写华氏城佛足石带回来。王玄策入竺的年代也众说纷纭，有的为贞观十年（636），有的为贞观十七年（643），有的则为二十二年（648）。并且其归朝的时间也诸说不定，或为贞观二十年（646），或为贞观二十一年（647）。不过，药师寺佛足石的刻文是关于佛足石由来的最古老的记录，最值得相信。（常盘大定 文）

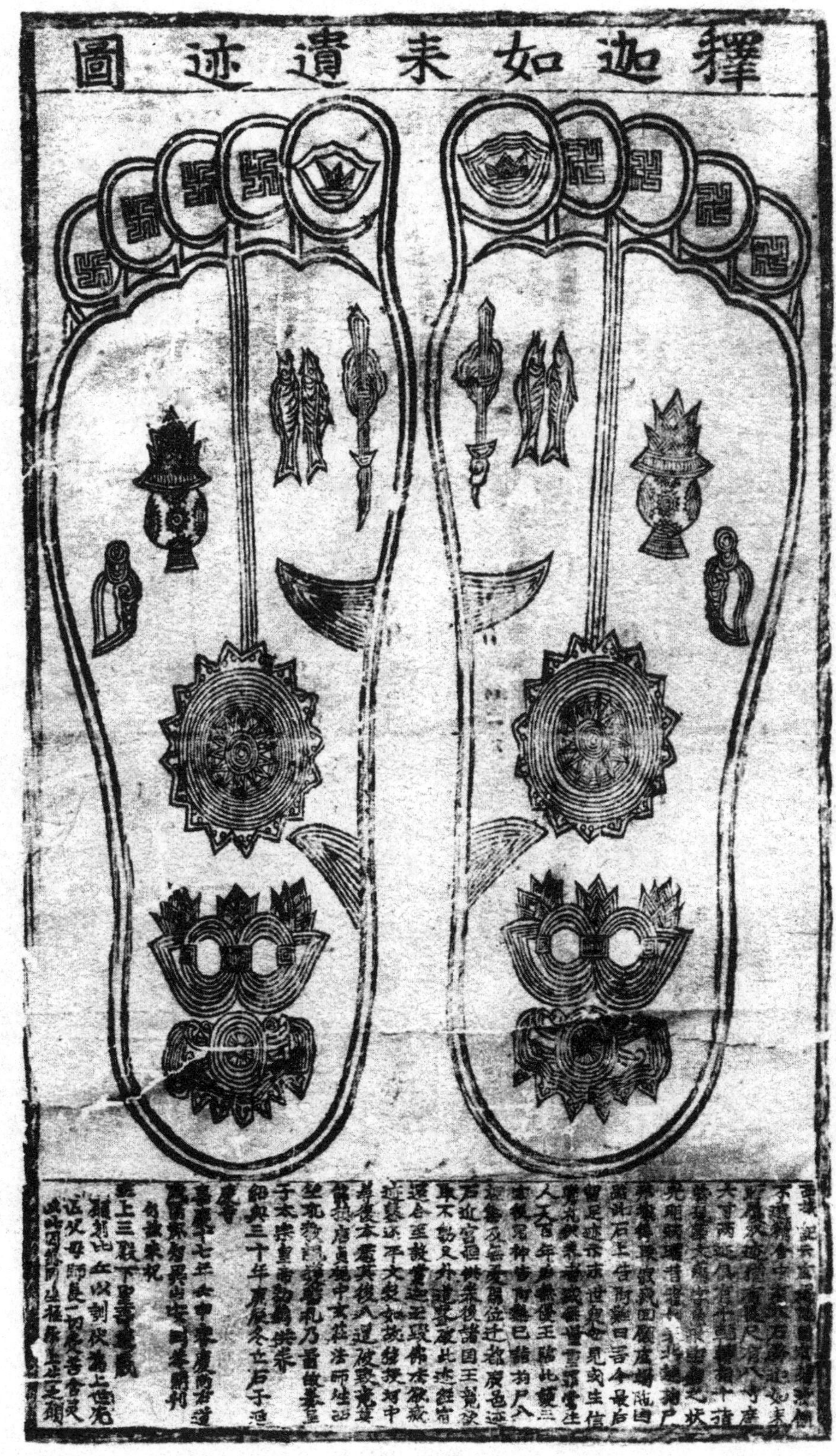

图 44-1・安国庵・释迦如来遗迹图・印本

釋迦如來雄跡靈相圖

图 44-2・河南嵩山少林寺・释迦如来双迹灵相图・拓本

釋迦佛手字
釋迦如来雙跡靈相圖

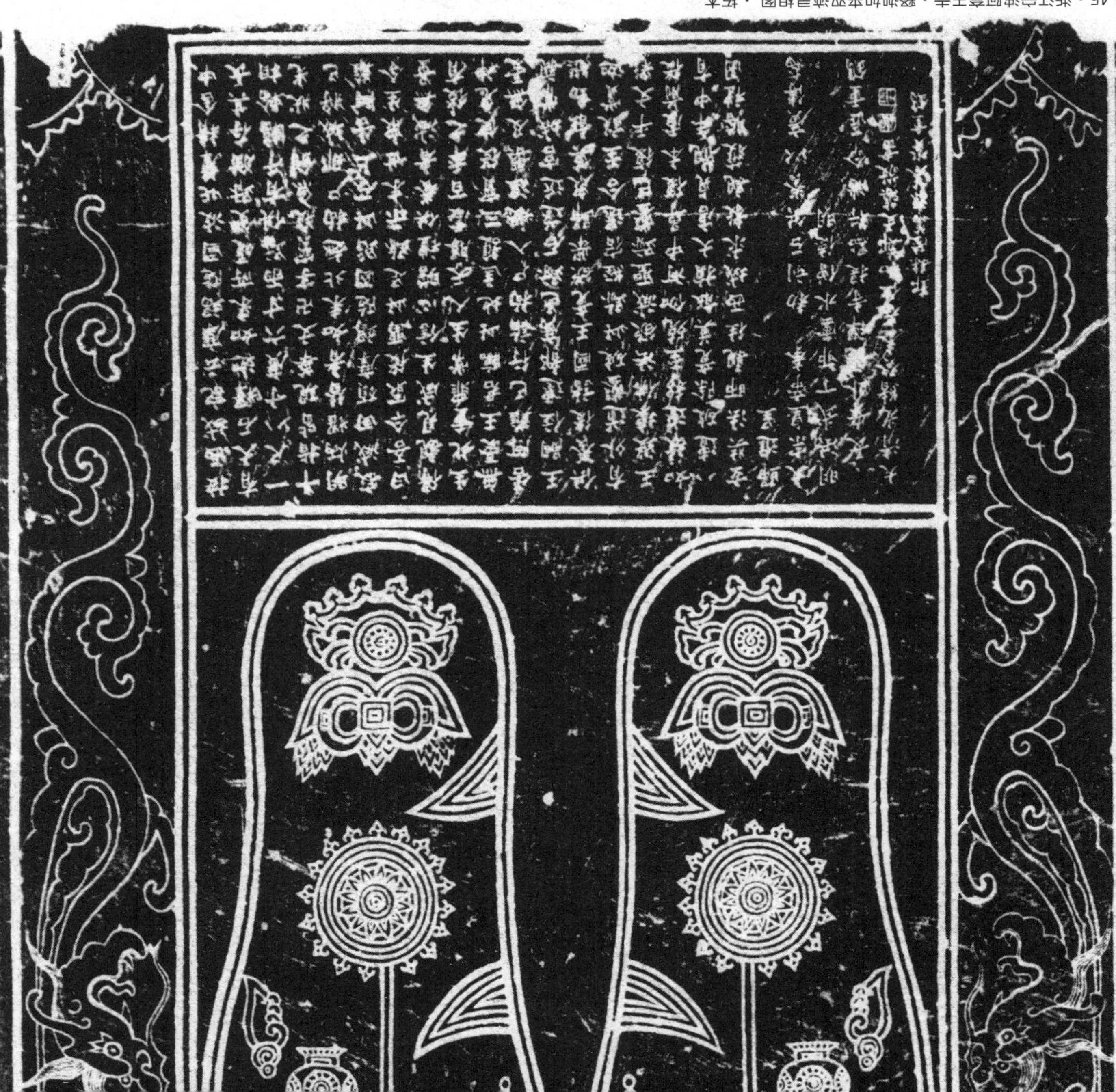

图 45・浙江宁波阿育王寺・释迦如来双迹灵相图・拓本

图46-1·卧龙寺·释迦如来双迹灵相图·拓本

图 46-3・药师寺・佛足石・拓本(日本・奈良)

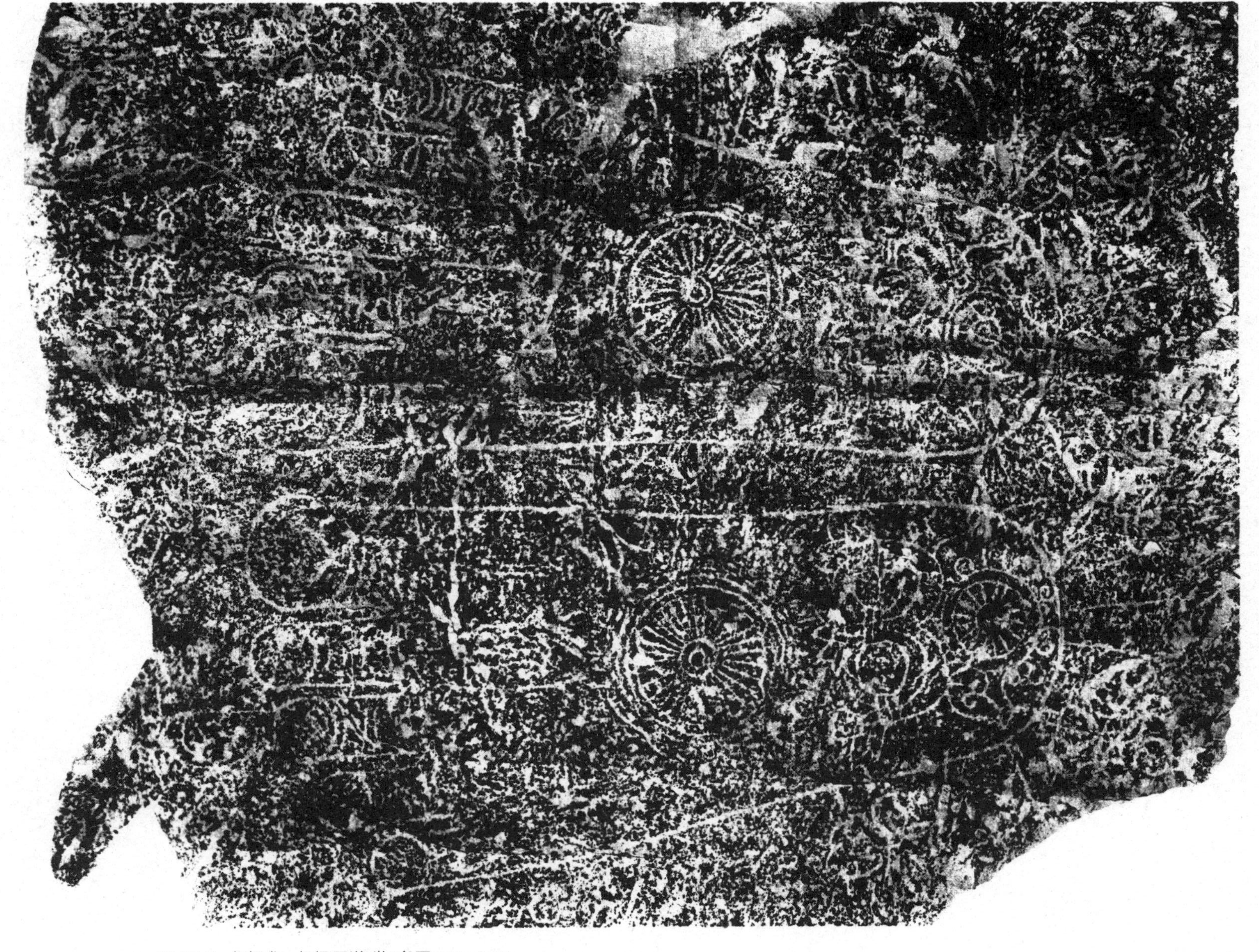

图 46-2・药师寺・药师如来足下轮相(日本・奈良)

牛头寺

牛头寺位于西安府城南二十里的勋阴坡，唐贞元十一年（795）创建，宋太平兴国年间（976—983）改名福昌寺，此说法见于《西安府志》。一说为贞观六年（632）创建。

现仅存有半山腰上并排的几座堂宇，没有值得一看的东西。唯有唐乾符年间的一个石幢，通高约六尺，上作盖状，下刻莲花座，其表现手法颇具观赏价值。（图 47-1）（关野贞 文）

图47-1 · 牛头寺 · 经幢

香城寺

香城寺位于西安府城南门内，五代后晋时代创建。后周显德年间（954—960 正月）得赐“广福禅院”题额，宋仁宗更名善感，元代屡次重修。相关记载，见《西安府志》。

现仅存尊胜陀罗尼经幢和刻有蟠龙的石柱。经幢建造年代不明，可能是唐宋年间的作品，其顶部缺失。蟠龙柱大概是唐代的作品，手法极为精巧美丽。露出地面三尺左右，用灰黑色大理石雕琢而成。当初用于何种目的不甚明了，如今，柱顶载有一个石造香炉。(图 47-2)（关野贞 文）

图 47-2 · 香城寺 · 蟠龙石柱

大慈恩寺

大慈恩寺位于西安府城南八里处，唐贞观二十二年（648）由皇太子李治建，目的是报答早逝的文德皇后的慈恩。皇太子特命挑选京城内废旧寺院遗址建寺，有司便相中了宫城南晋昌里的、面向曲池的净觉寺故址来营建。有记载称："凡十余院，总一千八百九十七间，床褥器物备皆盈满"，由此可知其规模之宏大。寺院一建成，就奉旨度僧三百人，另请大德五十人，建造翻经院，请玄奘三藏任上座，来本寺翻译经书。大慈恩寺之名实际上是因玄奘而流传千古的，寺内有玄奘模仿印度的建制并亲自打造的大塔婆。玄奘不仅把视为自己生命的经书佛像收入塔中，而且在这里居住长达十年。至晚年，玄奘荣升，移往新建的西明寺，后又移居玉华宫。虽最终在玉华宫入寂，但他的心从未离开过大慈恩寺。门人等遵照其遗命，将其遗柩移入慈恩翻经堂内。据此，称玄奘为大慈恩寺三藏法师。以上事迹在《慈恩传》中有详细叙述。玄奘有两大高足，一个叫大成基，另一个名圆测。大成基继承大慈恩寺，圆测继承西明寺。(图 48-1、图 48-2、图 49-1、图 49-2)

图 48-1 · 大慈恩寺 · 全景

图 48-2・大慈恩寺・境内诸碑

图 49-1·大慈恩寺·从大雁塔眺望南方

图 49-2・大慈恩寺・境内诸碑

大雁塔

大雁塔现为七层，当初是五层，永徽三年（652）由大慈恩寺三藏法师玄奘发愿修建。据《慈恩传》第七卷记载，玄奘欲在寺端门的阳面建造高三十丈的石浮图，用来安放从西域带回来的经书和佛像，以防散佚，兼避免火难。闻此心愿，高宗敕使中书舍人李义府报法师云："以石营塔功大，恐难卒成，宜用砖造，亦不愿师辛苦。"遂拿出大内东宫掖庭等七宫亡人衣物并以助砖塔营建。这般建成的砖塔，各基面一百四十尺，五级，高一百八十尺。模仿西域的建制，摆脱中国的旧式，每层的中心皆有舍利，或一千，或两千，共多达一万余粒。上层以石为室，南面有两碑，分别刻有太宗的三藏圣教序和高宗的序记，书丹出自尚书右仆射河南公褚遂良。玄奘在讲述诚愿时说："唯恐三藏梵本，零落忽诸。二圣天文，寂寥无纪。所以敬崇此塔，拟安梵本。又树丰碑，镌斯序记。庶使巍峨永劫，愿千佛同观。氛氲圣迹，与二仪齐固。"由此可知造塔的理由。玄奘亲负箕畚，担运砖石。首尾两年，功业始毕。以上记事在《慈恩传》中有详细叙述。（图 50、图 51）

据宋敏求的《长安志》载，此塔当初为砖表土心，其后有卉木从塔心钻出，塔因此逐渐颓毁。直至五十年后的长安年间（701—704），依照东夏刹表的旧式进行改造，并添加一层，改为六层，使之高于原塔。书中随后收录的开成四年（839）刘轲撰《三藏塔铭并序》中说："塔有七级，凡一百八十尺。"此外，岑参《与高适薛据登慈恩寺浮图》一诗中有"四角碍白日，七层摩苍穹"的诗句，因此，在唐代，此塔有七层是显而易见的。然而，章八元《题慈恩寺塔》诗中却有"十层突兀在虚空，四十门开面面风"的诗句，又有保存于嘉庆重修《咸宁县志》卷四中的宋张礼《游城南记》载：十层之塔，兵余，仅存七层。塔有十层之说法，不知是事实还是文藻，但从塔的规模来看，当初应该是七层。

五代长兴年间（930—933）经过重建，大雁塔面目一新。宋熙宁年间（1068—1077）遭遇火灾，经过明代天顺年间（1457—1464）及清康熙年间（1662—1722）两次重修后保留至今。

雁塔之名可能来源于中印度摩竭陀国、帝释窟山东的雁塔。彼雁塔是为旌表一雁舍身使小乘渐教

圖面平塔雁大寺恩慈

22.53

6.09

83.10

82.475

0 10 20 30 60R

大慈恩寺大雁塔平面图

的比丘众转归大乘正理的厚德而建造的。雁塔一名为何加在此塔身上，其因缘虽然不明，但有一点可以推知，那就是亲自寻访过彼雁塔的玄奘被塔之建立的缘由深深打动了。（常盘大定 文）

以上是大雁塔的缘起、沿革、名义之概说。现存塔的构造及文物等如下所述：

雁塔以砖砌成，立于约一百三十七尺见方、十五尺高的砖台上。初层的宽度，东西八十二尺四寸七分五厘，南北八十三尺一寸，通高目测约有二十丈。四面开设六尺九分宽的通道直抵二十二尺五寸三分见方的内室，不过，东西北三面的入口，现（1906）已被砖土封闭。初层的四面外壁，分别以方柱隔为九间，柱上饰大斗，又饰柱顶横穿板及短柱。塔檐以砖渐次往外伸出达二十余层，形成内弯形轮廓。檐盖也以砖砌成阶梯状。第二层以上，大小及层高递减，因此，外观颇为安稳。各层壁体及檐盖的手法与初层相同，中央各开一半圆拱窗。最上层的屋顶有相轮，但其上半部如今已不知去向。

塔各层的地板以木料构架，沿木楼梯可达最上层。塔的东南面，中间的左右第二间分别设有宽四尺八寸四分、深九尺二寸的小屋。其后壁上，立有东有大唐三藏圣教序碑，西有大唐三藏圣教序记碑。小屋正面有石门槛及石门枕，据此可知，当初，此处设有门扉。（关野贞 文）

此碑与普通的佛塔性质不同，看上去有点七层精舍的意思。印度古时在内地建造过多层精舍，祇园精舍就是其中一例。据说雁塔是模仿西域样式建造的，这里所指的西域就是印度，因此我认为，雁塔模仿的是印度的精舍，而不是印度的塔。开封的繁塔等应该也属于这个体系。（据伊东忠太博士的记事）

大慈恩寺大雁塔西门楣石画像摹写（吉川灵华氏摹写）

此插图是吉川灵华的摹写本，据此可以清楚地看出图案，不留丝毫遗憾。

图 50 · 大慈恩寺 · 大雁塔

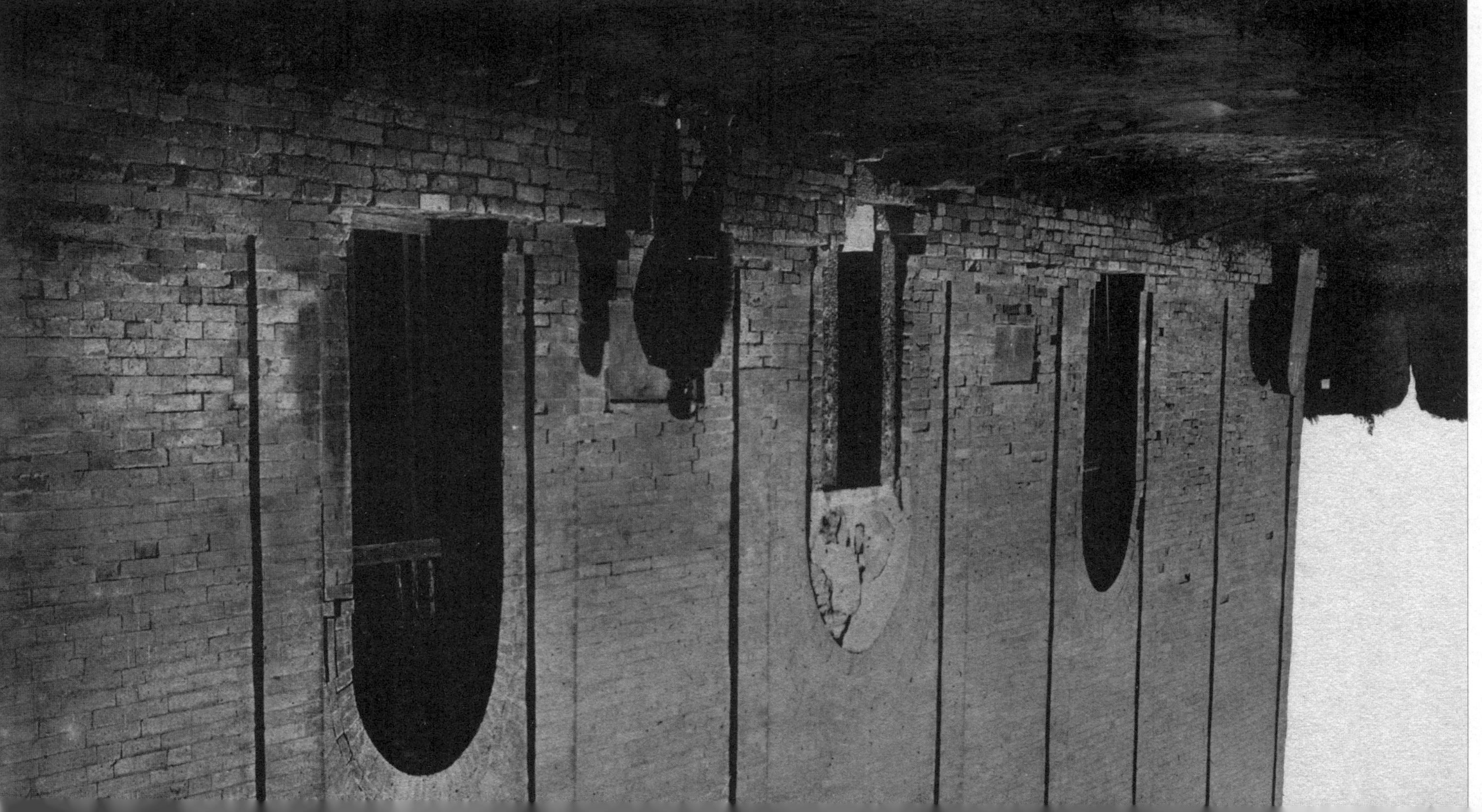

图 51 · 大慈恩寺 · 大雁塔 · 一部分

大雁塔内西门楣石画像

这幅画像阴刻于大雁塔初层西面入口的门楣上，描写释迦在宝殿内说法的情形。中央是正在说法的释迦，左右有多个菩萨侍候。佛殿建在石坛上，正面五间，以二踩斗拱支撑二重椽，斗拱间安装驼峰和斗子蜀柱，壁面绘双凤和飞龙等纹样。檐盖为四坡，以瓦修葺，正脊的两端托举鸱尾，中央安放宝珠。佛殿的左右有东西檐廊。现如今，唐代的木造建筑在中国无一留存，只有日本尚存一些传承其样式的当时的建筑物。因此，这幅画像是极其贵重的标本，可以从中看出消失的唐代木造佛殿之遗制。其规则和手法，与日本同时期的奈良时代建筑相似，特别是与唐招提寺的金堂互为一致，这一点足以吸人眼球。1906年，笔者拨开封闭的泥土才得以一睹其真容。(图52)(关野贞 文)

大雁塔内南门楣石画像

初层南面的入口有以黑色大理石制作的抱框、半圆形门楣及门枕。石抱框的侧面阴刻一个看似仁王的人物，现如今仅能辨别大致的形象。楣石置于圆拱内，阴刻有释迦转法轮相，上部饰以天盖，左右有两罗汉、十二菩萨、二天王等雕像。流利的手法充分发挥了初唐的高雅风格。可惜的是，后人的题名严重损毁了其美观。(关野贞 文)

大雁塔内南面阈石花纹

雁塔内，在二帝圣教序并记碑的前面有门槛石及门枕石。门槛石的正面镌刻口咬宝相花的瑞兽，其表现手法颇为细腻精湛。(关野贞 文)

图52・大慈恩寺・大雁塔・西门楣石画像・拓本

大唐三藏圣教序并序记碑

玄奘三藏从唐贞观十九年（645）开始，历经十七年，游历印度，返回长安后，被迎到弘福寺。二十二年（648）翻译《瑜伽师地论》一百卷。太宗皇帝亲自书写七百八十一字的《大唐三藏圣教序》，于庆福殿内在百官侍卫面前宣读，赐予三藏。高宗皇帝在春宫对此作《述圣记》。上述两文称为“二圣序文”。王公百辟、法俗黎庶，无不欢欣鼓舞。时有弘福寺住持圆定及京师的众僧请求把二序文镌刻于金石，珍藏于寺宇，得到皇帝许可。至咸亨三年（672），寺僧怀仁等集晋右将军王羲之的书丹，勒于碑石。弘福寺是太宗为穆太后而建，是三藏翻译经书的最初道场。第二译经道场大慈恩寺和大砖塔建立之后，玄奘在塔内安置重新镌刻的褚遂良书圣教序碑并序记碑。《慈恩传》第七卷中可见相关记述。

二圣序记给当时的宗教学界带来极大的刺激。弘福寺主圆定等请求将其刻于石上，以传万世。其请愿不仅得到许可，而且玄奘自己在雁塔上层石室内设置褚遂良所书的二碑后，还让人制作了几块碑刻。据记载，至少有以下六石。

一、怀仁集右将军王羲之书碑。咸亨三年（672）立。碑首雕刻精致的七佛像，世称“七佛头”。自唐代以来，士林对此碑甚为看重。以隆阐法师碑为主，李北海及以后的书风大多是从此碑脱胎而来。然而学弗能至，了无高韵，因此被称为院体。宋元时代其声价一度下降，但明代以后又重新受到了重视。

二、褚遂良正书序及记二碑。永徽四年（653）立于雁塔内。因在室内，没有受到日晒雨淋，至今保存完好。

三、褚遂良正书序碑。龙朔三年（663）立于同州。笔致如铁线，坚韧遒劲。褚遂良在龙朔年代已不在人世，因此该碑可能是重摹之作。不过，由于是唐初的作品，还不至于大失笔意。或许因为褚遂良曾是该州刺史，才得到其真迹，至龙朔三年（663）刻制。

四、褚遂良行书刻石。咸亨三年（672）刻。虽很少被学者关注，但有记载。现如今已没有了。

五、王行满书碑。显庆三年（658）建于招提寺。招提寺位于河南缑氏县东十八里的古滑城东角。碑刻现被移至并收藏在偃师县的学宫内。

六、韩仲良书碑。在陕西富平县，人大多不知。据说其用笔不在褚遂良之下。估计在当时，是挑选出善书者来书丹并刻于石上的。其中仅此碑留存，可能是因为这通碑写得比较好。（常盘大定 文）

大雁塔｜大唐三藏圣教序碑

此碑的尺寸与下一节记述的三藏圣教序记碑几乎相同。碑以黑色大理石打造，立于方趺之上。碑身下广上窄，上部高肉雕释迦、两罗汉、两菩萨、两天王；下部高肉雕三天人；左右缘镌刻雄丽的宝相花纹；碑身上部作螭首。技工精练，为初唐碑中之杰作。碑额上以八分书分两行阴刻“大唐三藏圣教之序”，碑身刊行圣教序全文。永徽四年（653）立于雁塔内，褚遂良书，为其代表作。因长年累月的拓字，碑面磨损，字画瘦削，多少失去了原字的妙趣，令人扼腕痛惜。（图 53-1、图 53-2）（关野贞 文）

关于玄奘三藏赴印度求法的缘由，碑文说：“真教难仰，莫能一其指归；曲学易遵，邪正于焉纷纠。”又说：“凝心内境，悲正法之陵迟；栖虑玄门，慨深文之讹谬。思欲分条析理，广彼前闻；截伪续真，开兹后学。”并以“总将三藏要文，凡六百五十七部，译布中夏，宣扬胜业”等语句，对历尽十七年艰辛后回国弘扬佛教的玄奘极口称赞。（常盘大定 文）

图 53-1・大慈恩寺・大雁塔・大唐三藏圣教序碑

大唐三藏
聖教之序

图 53-2 · 大慈恩寺 · 大雁塔 · 大唐三藏圣教序碑 · 拓本

大雁塔 | 大唐三藏圣教序记碑

三藏圣教序记碑，底边长三尺三寸，顶边长二尺八寸六分，高五尺八寸七分。趺石宽三尺八寸四分，高一尺三寸七分。其样式和手法与前者相同，但碑文是从左刻到右的。这可能是因为，当初将两碑并排而立，前者在右，此碑在左。(图 54-1、图 54-2)

碑文在记述皇帝以福德“治八荒”“朝万国”之后说：“恩加朽骨，石室归贝叶之文，泽及昆虫，金匮流梵说之偈。”转而又说：玄奘三藏“以中华之无质，寻印度之真文。远涉恒河，终期满字。颇登雪岭，更获半珠。问道往还，十有七载。”并且极口颂扬玄奘：“贞观十九年（645）二月六日，奉敕于弘福寺，翻译圣教要文，凡六百五十七部。”文中的“颇登雪岭”的“颇”字，在其后的怀仁立碑、王行满书碑中都作“频”字。(常盘大定 文)

三藏圣教序碑的趺石正面刻有飞天，供奉着一座由蟠龙支撑的宝塔，此外还刻有两狮子、二天王及仁王等。手法精丽无比，但磨损严重，难辨之处甚多。(关野贞 文)

图 54-1 · 大慈恩寺 · 大雁塔 · 大唐三藏圣教序记碑

图 54-2 · 大慈恩寺 · 大雁塔 · 大唐三藏圣教序记碑 · 拓本

碑林｜大唐三藏圣教序碑

这通碑，宽三尺二寸五分二厘，厚八寸六分四厘，高七尺八寸三分，通高十一尺六寸一分。顶上雕刻有雄丽的螭首，其下并刻七佛，空白处配以飞天，技工流畅隽秀。除刻序和序记之外，还刻有《般若心经》。(图 55-1)

碑文开头是“弘福寺沙门怀仁集，晋右将军王羲之书”，接着刻有太宗文皇帝御制的《大唐三藏圣教序》，其后记载着太宗对玄奘谢表的答敕。

朕才谢珪璋，言惭博达。至于内典，尤所未闲。昨制序文，深为鄙拙。唯恐秽翰墨于金简，标瓦砾于珠林。忽得来书，谬承褒赞。修躬省虑，弥益厚颜。善不足称，空劳致谢。

之后刻皇帝在春宫撰写的《三藏圣教序记》，其后记录皇太子对玄奘诣谢的笺答。

治素无才学，性不聪敏。内典诸文，殊未观揽。所作论序，鄙拙尤繁。忽见来书，褒扬赞述。抚躬自省，惭悚交并。劳师等远臻，深以为愧。

其下方有“贞观二十二年(648)八月三日内出”字样。由此得知，皇帝及皇太子对玄奘的言辞极其

殷勤谦让。

接下去刻的是玄奘奉诏翻译的《般若波罗蜜多心经》，最后刻着如下文字：

太子太傅尚书左仆射燕国公于志宁。中书令南阳县开国公来济。礼部尚书高阳县开国男许敬宗。守黄门侍郎兼左庶子薛元超。守中书侍郎兼右庶子李义府等奉敕润色。

咸亨三年（672）十二月八日京城法侣建立

文林郎诸葛神力勒石　武骑尉朱静藏镌字

图 55-1 · 碑林 · 大唐三藏圣教序碑 · 拓本

偃师明伦堂 | 大唐二帝圣教序碑

碑宽三尺六寸，厚度不明，通高九尺九寸五分。石碑原本在偃师县南三十五里的唐招提寺内，而今被移至学宫明伦堂，横嵌在西壁之上。螭首雄丽，圭额内作佛龛，左右阳刻篆书“大唐二帝圣教序碑”。碑身周缘雕刻云唐草纹。正如碑额上的“二帝圣教序碑”刻字所示，碑中刻序和序记。

此碑起首处刻“门下录事臣王行满书”，结尾处刻“奉为招提寺，显庆二年（657）岁次丁巳十二月乙卯朔十五日己巳建。刻字臣沈道元”。（图 55-2）（关野贞 文）

图55-2·明伦堂·大唐二帝圣教序碑·拓本

兴教寺

兴教寺位于西安府城南约五十里的高台地，与终南山相对，俯瞰平原。从这里，无论是近观樊川，还是隔神禾原远眺终南山，都令人神明目净。（图 56-1）虽然现存大遍觉法师玄奘三藏、慈恩大师基公及西明寺圆测法师三座砖塔，但寺院荒芜破败，只看见其后方的悬崖下建有一矮小简陋的僧房。不远处还有钟楼及小堂宇。

图 56-1 · 从兴教寺眺望樊川 · 神禾原 · 终南山

玄奘、基公、圆测三墓塔

玄奘塔位于三塔中央，朝南；东有基公塔，朝西；西有圆测塔，朝东。玄奘塔五层，高约七十尺；基公、圆测两塔均为三层，高约十七尺。玄奘塔，平面方形，初层十七尺六寸八分见方，南面开半圆形拱门，以横枋及三斗支撑塔檐。塔檐，砖渐次向外堆砌，形成自内略微弯曲的轮廓。檐盖用砖砌成斜面状。第二层以上，规模与高度次第缩小，呈安稳之状。各层壁面以八角柱隔为三间，有穿枋、横枋和斗拱，从中足以看出当时的木造建筑之余影。南面第三层的中间作一壁龛，其内供奉唐时的三尊佛。第五层中间也安置了一尊精美的唐代菩萨像，但是其头部不知去向。（图 57）

基公塔初层六尺八寸九分见方，圆测塔初层七尺四寸五分见方，均毁损严重。二者皆为普通的三层砖塔，形式上没有特别之处。

三塔的初层墙面均嵌有塔铭石。（图 56-2）（关野贞 文）

图 56-2：兴教寺·玄奘、基公、圆测三墓塔

图 57 · 兴教寺 · 玄奘三藏墓塔

玄奘塔铭

玄奘法师于麟德元年（664）入寂，葬于浐河之东。五年后，至总章二年（669），奉旨迁葬樊川北原，营建塔宇。《慈恩传》第十卷中详细记载了建塔缘由："盖以旧所密迩京郊，禁中多见，时伤圣虑，故改卜焉。"

该寺取名"兴教寺"的理由在刘轲撰《大唐三藏大遍觉法师塔铭并序》中有记载。大唐三藏大遍觉法师塔由僧令捡建于开成四年（839）。文中载：

今塔在长安城南三十里，初，高宗塔于白鹿原，后徙于此。中宗制影赞，谥大遍觉。肃宗赐塔额曰"兴教"，因为兴教寺。寺在少陵原之阳，年岁寝远，塔无主，寺无僧，荒凉残委，游者伤目。长庆初，有纳衣僧昙景始葺之。太和二年(828)，安国寺义林修三藏忌斋于寺，斋众见塔上有圆光，道俗异之。林乃上闻，乃与两街三学人共修身塔。太和三年(829)，义林临终前，命门人令捡向文人求塔铭。令捡奉遗命请刘轲撰文，刻于石上，嵌入塔壁中。(图 58)

玄奘对佛典的翻译具有划时代意义，而且他还是完整传译印度新大乘教——唯识哲学的大家。据刘轲文载，玄奘俗姓陈，河南缑氏人，其父惠英有四子，他排行老小。年方十三就因兄长捷而出家到洛阳。隋代师从唐高祖神尧于晋阳，不久进入蜀国，跟道基、宝暹二法师学《摄论》《毗昙》。武德五年（622）在成都受具足戒，精究律藏。又往赵州从道深学《成实》，到长安从道岳学《俱舍》。最初，中国学者多以实相性空通贯群说，还不能以五法三性分别名相。因此，有"蹄筍往往失鱼兔"之遗憾。玄奘说："固是经来未尽，吾当求所未闻，具解行，使如函盖。"贞观三年（629）感梦，决定西行，时年二十六。至凉州，都督李大亮严加防范，欲将其逼返京城。玄奘半夜逃遁，出玉门，至伊吾。高昌王麴文泰以师礼相迎，并送至叶护可汗衙。还以二十四封信件通屈支等二十四国，为他求法往途提供方便。玄奘至中印度那烂陀寺，谒见戒贤法师，称自己为从师学习《瑜伽论》从中国而来。戒贤闻之涕泣道："解我三年前梦金人之说，伫尔久矣。"留他住在幼日王院。玄奘其后在印度的讲学辩论，无暇叙述。过后不久，玄奘名流五印，三学之士仰之如天。大乘师号玄奘为大乘天，小乘师号为解脱天。各派僧人请戒贤把他留在印度。玄奘表示自己有回国为中国打开佛之慧眼的想法。上路不过数日，东印度的鸠摩罗王出迎玄奘，但曲女城的戒日王遣使鸠摩罗王，让其赶紧把玄奘送往曲女城。鸠摩罗王说："我头可得，僧不可得。"戒日王大怒说："尔言头可得，可将头来。"鸠摩罗王担心出事，便调集象军二万、船三万艘，陪伴玄奘溯殑伽河，在河北岸筑行宫，并独自去河南迎接戒日王。戒日王见到玄奘，行接足礼，毕恭毕敬，并就《秦王破阵乐》与玄奘交流。戒日王知晓唐太宗，看到玄奘的《制强见论》，心中大悦，以小乘外道尚未信伏为由，请玄奘在曲女城说法约十八天，他召集五印沙门、婆罗门等十八国王观玄奘辩论，无人敢当其锋。戒日王得知玄奘毫无留意，便以象马驼装为法师饯行，又制作素氎书，以红泥封印，派四名达官，奉书送玄奘，让所经诸国以兵护卫，送达汉境。

玄奘在于阗住下，通过高昌商侣入朝启奏，表陈还国。当时在洛阳的太宗特别降旨迎劳，并令于阗、敦煌、鄯善等国沿途迎送。西京留守梁国公房玄龄奉敕备有司迎接，贞观十九年（645）春三月，玄龄迎玄奘于都亭，有司送经书到弘福寺。次日在朱雀街南召开大会，展示从西域带回的经书、佛像、舍利等。其梵文约五百二十夹，六百五十七部，用二十匹马驮回。自朱雀至弘福寺十余里，市里的士女夹道鳞次。玄奘于洛阳谒见太宗。太宗见之大喜，对赵国公长孙无忌说："昔苻坚称道安为神器，今法师出之更远。"玄奘请太宗允许他在离自己出生地不远的嵩山少林寺翻译佛经，太宗说："师西去后，朕为穆太后于西京造弘福寺。寺有禅院，可就翻译。"五月，方开贝叶。贞观二十年（646）七月开始经论的翻译，仍

图 58 · 兴教寺 · 玄奘三藏塔铭 · 拓本

请制经序，并进奉敕撰《西域记》十二卷。《三藏圣教序》完成后，太宗以神笔亲自抄写，于庆福殿，让百官陪法师就坐，命弘文馆学士上官仪对群僚读之。贞观二十二年（648）六月，高宗在春宫作《述圣记》及《菩萨藏经后序》，十月宣令，请玄奘为慈恩寺上座，造翻经院以迎请法师。太宗、皇太子及后宫等于安福门执香炉相送。太宗驾崩后，到高宗时代，玄奘专务翻译，永徽三年（652）三月，欲在寺端门之阳造石塔，安置从西域带回的经书佛像。高宗恐功大难成，令改用砖塔。塔为七级，约一百八十尺。层层中心皆藏有舍利。后中宗诞生，向玄奘请号，称“佛光王”。显庆二年（657）皇帝行幸洛阳，法师陪从，在积翠宫下榻，翻译《发智》《婆裟》。显庆三年（658）返回西京，奉敕徙居西明寺。中国自古重视《般若》，前代虽有翻译，但尚不完备，受众生之请，玄奘欲译之，但以功大恐难就为由，请求在玉华宫进行。显庆四年（659）十月入住玉华宫肃成院，显庆五年（660）春正月一日开始翻译梵本。玄奘法师心急火燎，常恐不得卒业，每每勉励译徒。至龙朔三年（663）方绝笔，曰：“吾所事毕矣。”麟德元年（664）正月，命嘉尚法师具录所翻经论，合七十四部，总一千三百三十八卷。又造俱胝画像、弥勒像各一千帧，素像十俱胝，供养悲、敬二田各万人。烧百千灯赎数万生。法师随即与寺众告辞，三称慈尊，愿生内眷。至二月五日夜入寂，春秋六十九载。及坊州奏至，皇帝哀恸，为之罢朝三日，令官给葬事。门人奉柩于慈恩翻经堂。四月十四日下葬浐东时，京畿五百里内，送者百余万人。至总章二年（669）四月八日，敕令在樊川北原起塔。

该寺所在位置，《慈恩传》中记为城南六十里，《塔铭》中记为城南三十里，出入巨大，但可能指的是同一地点。最初的安葬地，《慈恩传》中记为浐东，《塔铭》中记为白鹿原，这也并非是不同的地方，应该是指浐东的白鹿原。改葬地，《慈恩传》中记为樊川的北原，《塔铭》中记为少陵原，这也是同一个地点。综合两者可知，玄奘的遗骸，最初安葬在樊川东侧的白鹿原，由于距宫城太近，五年后奉敕移葬至位于城南六十里，樊川的北少陵原。（常盘大定 文）

基公塔铭

基公塔建于开成四年（839），李宏庆文、建初书。据《大慈恩寺大法师基公塔铭并序》载，法师俗姓尉迟，讳基公。侍奉玄奘左右，协助其翻译经书，大讲唯识教义，草疏义一百本，以慈恩疏之名盛极一时。永淳元年（682）在慈恩寺翻经院入寂，陪葬于樊川的玄奘法师塔边，后另起一塔，并加盖寺院。大和二年（828），异时门人，安国寺的义林发愿重修，第二年，门人令捡启其故塔，得其全躯，依西国之法火化后安葬，其上建塔。（图 59-1）

图 59-1 · 兴教寺 · 基公塔铭 · 拓本

圆测法师塔铭

圆测法师塔建于大宋政和五年（1115），塔铭贡士宋复撰并书。据《大周西明寺故大德圆测法师佛舍利塔铭并序》载，法师，讳文雅，字圆测，新罗国王之孙。贞观年中出家，住京师元法寺。在玄奘归朝后随之，被召为西明寺大德，对玄奘译经鼎力相助，并加入地婆诃罗的译场。万岁通天元年（696）寿八十有四时，迁化于佛授记寺，安葬在龙门香山寺北谷，立白塔。在京学徒分其遗骸，收藏在终南山丰德寺的东岭，墓上起塔。至宋政和五年（1115），又分出遗骸一部分安葬在玄奘塔的右侧，按基公塔的规范，重新起塔，同时翻新基公塔。

据此塔铭可明确一点，即法师入寂年龄为八十四岁。(图 59-2)（常盘大定 文）

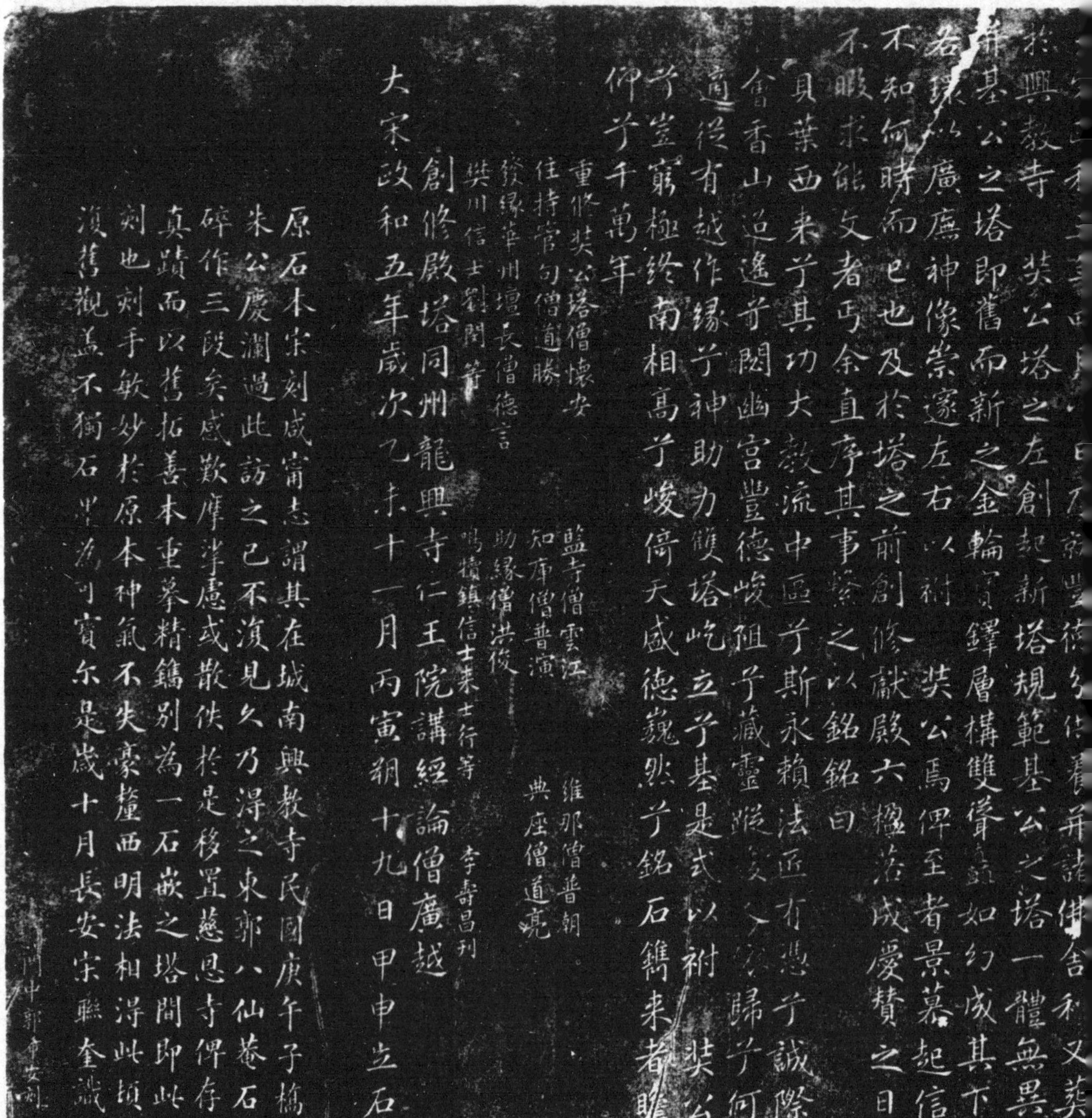

於興教寺奘公塔之左創起新塔規範基公之塔一體無異
并基公之塔即舊而新之金輪寶鐸層構雙聳[illegible]如幻成其下
舍利以廣廣神像崇邃左右以祔奘公焉俾至者景慕起信
不知何時而已也及於塔之前創修獻殿六楹落成慶贊之日
不暇求能文者丐余直序其事繫之以銘銘曰
貝葉西来兮其功大教流中區兮斯永賴法匠有憑兮誠際
會香山迢遙兮閟幽宫豈德峻祖兮藏靈蹤[illegible]歸兮何
適從有越作緣兮神助力雙塔屹立兮基是式以祔奘公
兮豈窮極終南相高兮峻倚天盛德巍然兮銘石鐫来者瞻
仰兮千萬年
重修奘公塔僧懷安　監寺僧雲江　維那僧普朝
住持賞句僧道勝　知庫僧普演　典座僧道亮
發緣華州壇長僧德言　助緣僧洪俊
奘州信士劉闕等　鳴犢鎮信士来士行等　李壽昌刊
創修殿塔同州龍興寺仁王院講經論僧廣越
大宋政和五年歲次乙未十一月丙寅朔十九日甲申坒石
原石本宋刻歲甯志謂其在城南興教寺民國庚午子橋
朱公慶瀾過此訪之已不復見久乃得之東郭八仙菴石
碎作三段矣感歎摩挲慮或散佚於是移置慈恩寺俾存
真蹟而以舊拓善本重摹精鐫别為一石嵌之塔間即此
刻也刻手敏妙於原本神氣不失豪釐西明法相得此頓
復舊觀為不獨石墨為可寶尔是歲十月長安宋聯奎識
關中郭[illegible]安刻

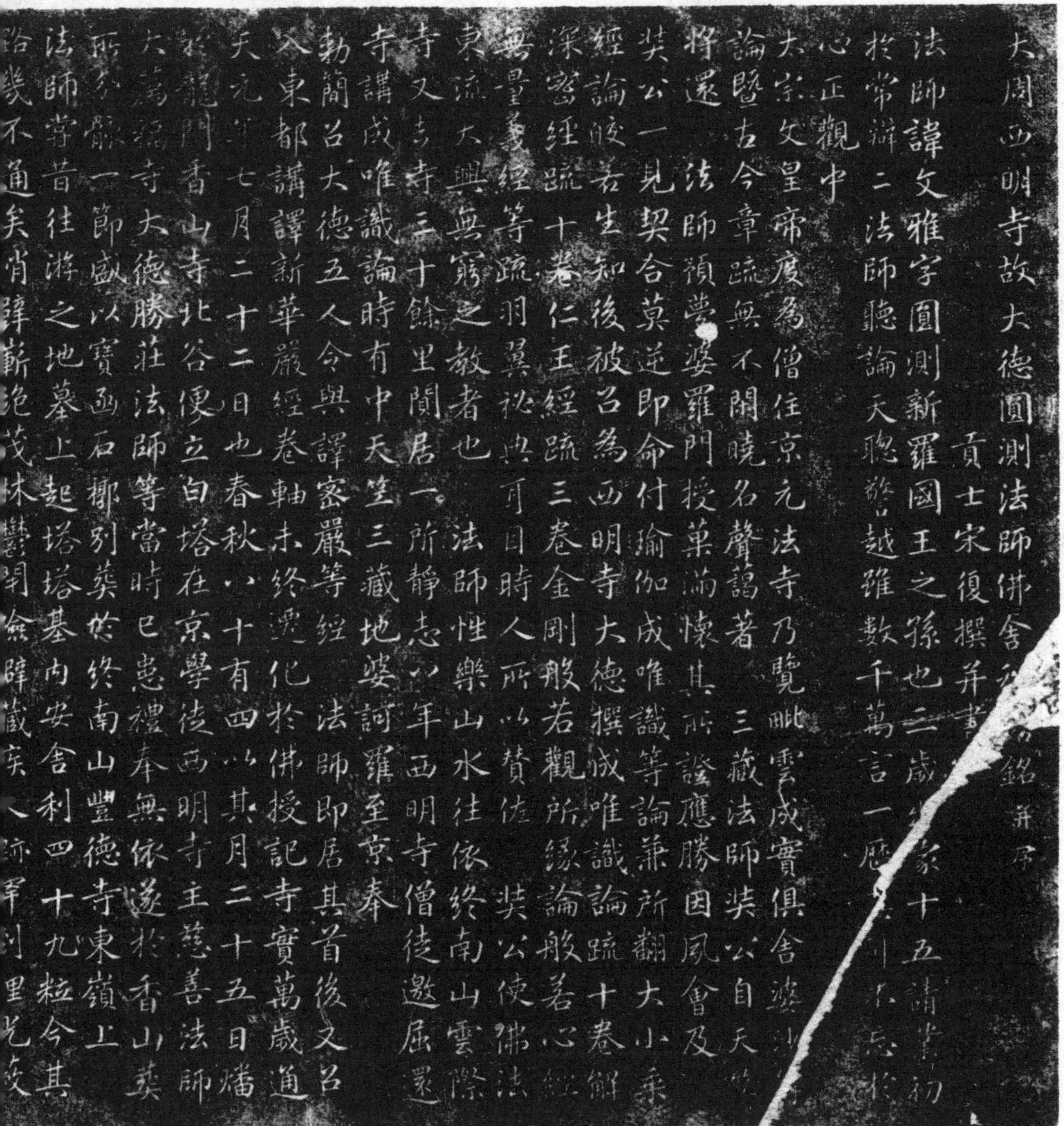

图 59-2・兴教寺・圆测法师舍利塔铭・拓本

大周西明寺故大德圓測法師佛舍利塔銘并序
貢士宋復撰并書
法師諱文雅字圓測新羅國王之孫也三歲出家十五請業初
於常辯二法師聽論天聰警越雖數千萬言一歷耳不忘於
心正觀中
太宗文皇帝度為僧住京元法寺乃覽毗曇成實俱舍婆沙
論暨古今章疏無不開曉名聲藹著三藏法師奘公自天竺
將還法師預夢婆羅門授菓滿懷其所證應勝因夙會及
奘公一見契合莫逆即命付瑜伽成唯識等論兼所翻大小乘
經論皎若生知後被召為西明寺大德撰成唯識論疏十卷解
深密經疏十卷仁王經疏三卷金剛般若觀所緣論般若心經
無量義經等疏羽翼祕典可目時人所以贊佐奘公使佛法
東流大興無窮之教者也法師性樂山水往依終南山雲際
寺又去寺三十餘里閒居一所靜志八年西明寺僧徒邀屈還
寺講成唯識論時有中天竺三藏地婆訶羅至京奉
勅簡召大德五人令與譯密嚴等經法師即居其首後又召
入東都講譯新華嚴經卷軸未終遷化於佛授記寺實萬歲通
天元年七月二十二日也春秋八十有四以其月二十五日燔
於龍門香山寺北谷便立白塔在京學徒西明寺主慈善法師
大薦福寺大德勝莊法師等當時已患禮奉無依遂於香山葬
所分骸一節盛以寶函石槨別葬於終南山豐德寺東嶺上
法師嘗昔往游之地墓上起塔塔基內安舍利四十九粒今其
路幾不通矣肖韡蕲艳茂林鬱翳禽辟藏宾入跡罕到里見茇

兴教寺　三祖像

兴教寺中有新刻的玄奘（左）、慈恩（中）、圆测（右）三祖像。雕像上均有欧阳渐于民国二十二年（1933）冬月撰写的赞。欧阳渐是南京内学院院长，专攻唯识学的学者。玄奘三藏像是根据日本横滨原家收藏的天竺取经图制作的，慈恩大师像是根据日本药师寺的藏图打造的，圆测法师像可能是他们自行设计的。（图 60-1、图 60-2、图 60-3）（常盘大定 文）

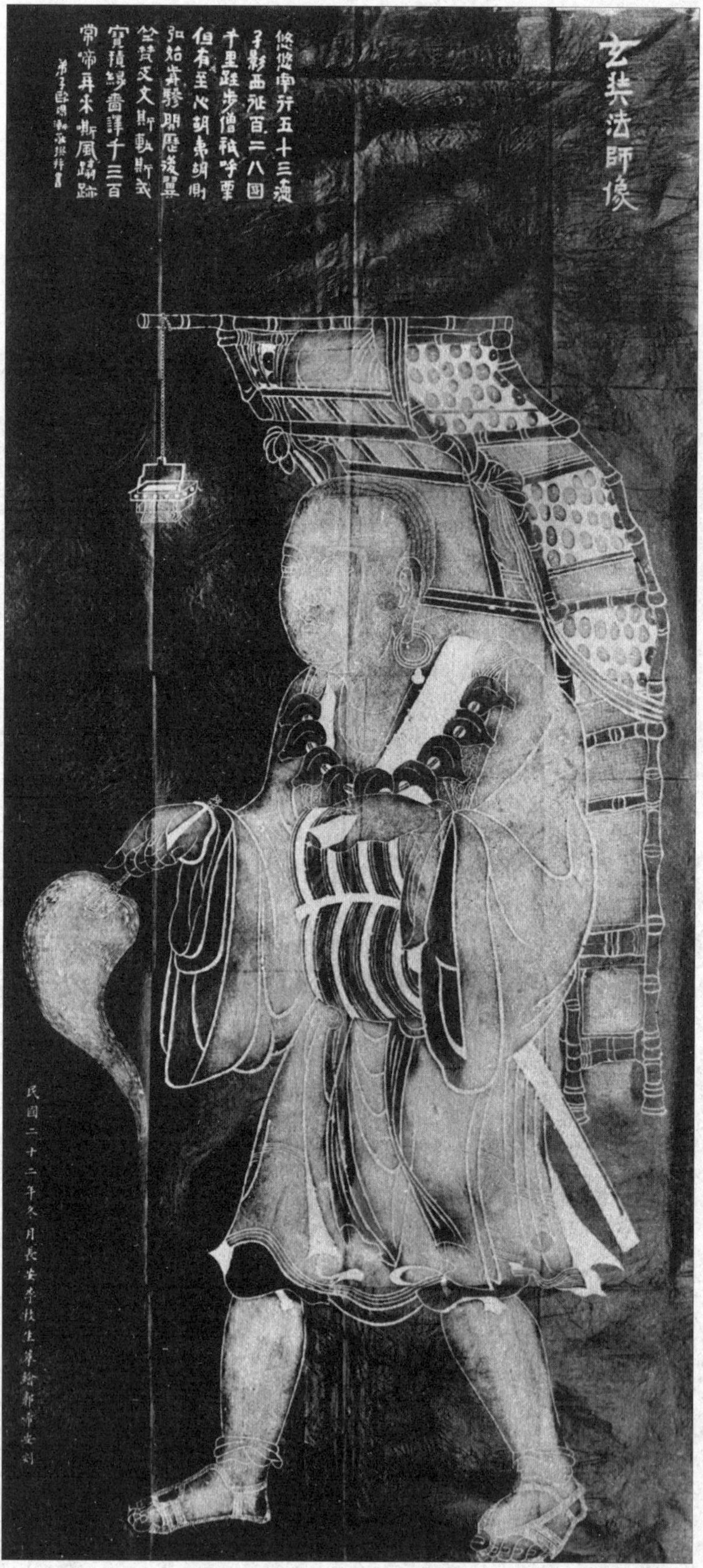

图 60-1・兴教寺・三祖像・玄奘三藏

图 60-2・兴教寺・三祖像・慈恩大师

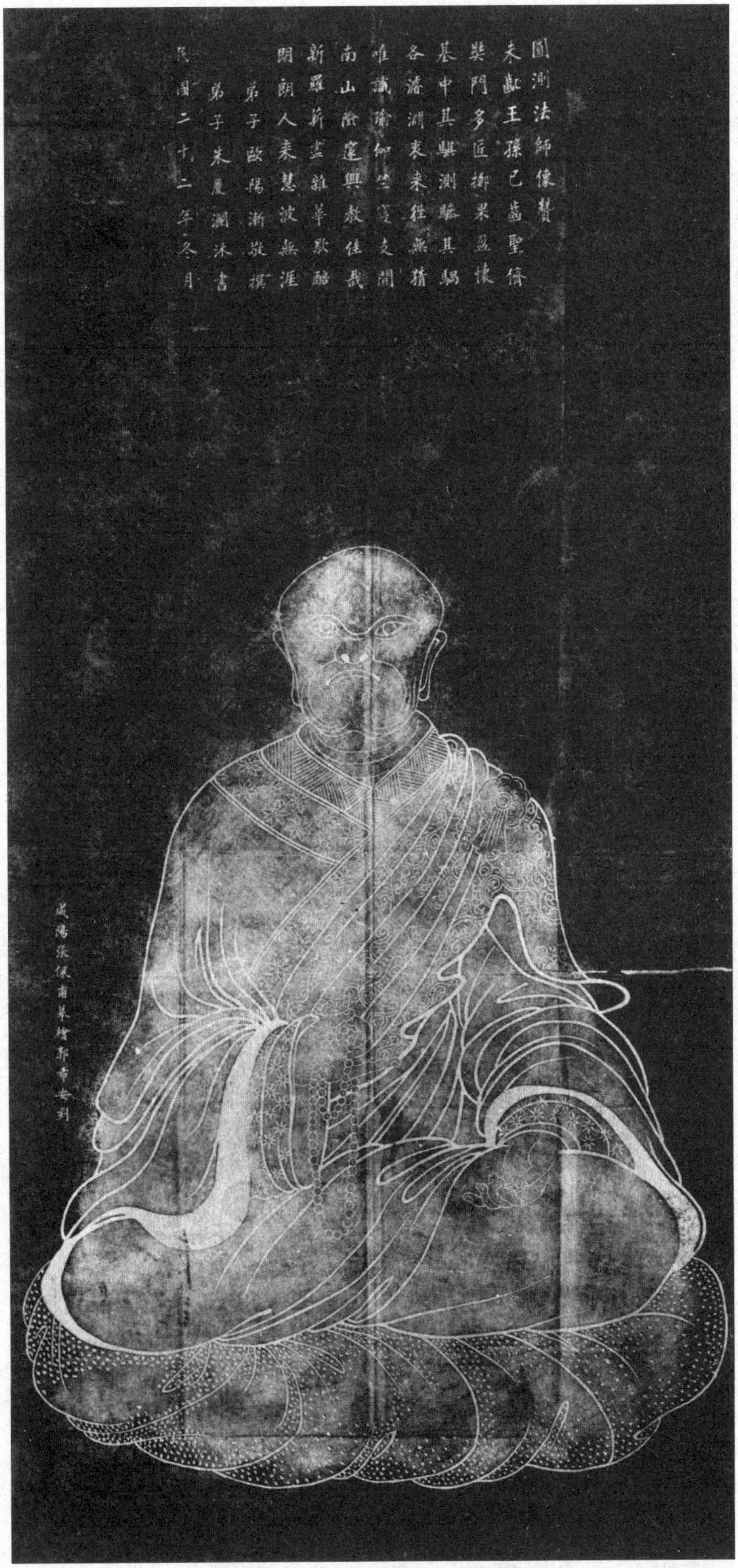

图 60-3・兴教寺・三祖像・圆测法师

兴善寺

大兴善寺在今西安府城永宁门外五里处。创建于晋武时代，初称遵善寺。北周武帝时免遭废灭，作为长安陟岵寺被保存下来。至隋文帝开皇年代更名大兴善寺，迎来那连提耶舍、阇那崛多等外国三藏，作译经道场。又招灵裕等天下七大德入住，其繁荣景象冠天下之寺院。至唐代，请大译经家大空入住；代宗永泰元年（765）在此建方等戒坛，立临坛大德十人。如此这般，其盛况一直持续到唐代中叶。但在武帝废佛之时，出现一时的衰残局面，仅存大士、天王二阁。之后至明代，旧制略有恢复。清代重建，保存至今。（图61、图62-1、图62-2）寺域中的不空三藏塔为唐代大历十年（775）所建。

唐长安城沿袭了隋大兴城建制。据传，隋时，宇文恺修筑大兴城，以城内有六条大坡为由，按照乾卦的六爻，在九十二的位置设宫室，在九十三的位置设百司。九十五的贵位，不欲人居，东置大兴善寺，西安玄都观，以镇守都城。据图，城的中央有朱雀街南北贯通，左右各有九坊，玄都观与大兴善寺于城中央相对而立，这意味着要通过道佛两教来一统国民的精神。（常盘大定 文）

图62-1·兴善寺·天王殿

图62-2·兴善寺·前景

图61・兴善寺・大雄殿

碑林 | 唐广智三藏和尚碑

不空三藏碑通高十尺一寸五分，螭首雄丽气派，但在唐代的作品中只能算作一般。周缘及两侧均无纹样。碑阴镌刻上谷高镐力书“太华”二大字。(图63)(关野贞 文)

题为“唐大兴善寺故大德大辩正广智三藏和尚碑铭并序”，严郢文，徐浩书，建中二年(781)修建。不空乃西域人，是玄宗、肃宗、代宗三朝的灌顶国师。来唐之后，从金刚智阿阇梨受瑜伽最上乘义。又西游，从龙智阿阇梨继承十八会法。其译经数量可观，是中国密教的大成者，留下了不朽之名。受补

处之记、得传灯之旨的是慧朗。至其病危，被加封开府仪同三司肃国公之位，但他推辞不受，因而被特赐法号大广智三藏。不空在大兴善寺圆寂时，代宗为之废朝三日，并赠司空，追谥大辩正广智三藏和尚，下命在其居住的寺内建舍利塔。三藏的寂年有大历五年（770）和九年（774）两种说法。碑文上的年号剥落，但所幸的是，笔者从空海著《付法传》中得知是大历九年（774）。（常盘大定 文）

图 63 · 碑林 · 唐广智三藏和尚碑 · 拓本

青龙寺

青龙寺原位于长安都城延兴门内新昌坊，在大慈恩寺东北，相距五里。隋开皇二年（582）创建，当时取名灵感寺。文帝迁都之际，要挖掘城内坟墓，将棺木迁往郊外重新安葬，为此设置该寺，附“灵感”之名。唐武德四年（621）被废。至龙朔二年（662），城阳公主起奏复兴该寺，命名为观音寺。景云二年（708）更名青龙寺。该寺北枕高原，南望爽垲，以远眺之美闻名天下，但在会昌灭法时遭到废除。

日本的空海在顺宗永贞元年（805）师从惠果受胎藏法和金刚界法，进而受传法阿阇梨位灌顶，实际上都是在青龙寺的东塔院。

据考证，现今位于大慈恩寺东北方约四里的祭台村中的石佛寺就是古青龙寺的遗址。仔细测量时发现，石佛寺东南约一里的地方可能才是真正的古青龙寺遗址，这种看法应该没有多大问题。（图 64-1、图 64-2、图 64-3）（常盘大定 文）

青龙寺中曾有释迦如来的石刻像，以纯白色大理石雕刻，面相优丽，权衡极美。衣裾裹足，前部下垂，遮蔽莲座，悬莲瓣尖端，呈高低起伏状，颇为写实。其表现之精美、技巧之精湛，应该是初唐雕像中的优秀之作。雕像高一尺九寸二分，通高二尺三寸九分。该雕像很早就被运到海外，几经辗转，1928 年 3 月归细川护立侯爵收藏。（图 64-4）（关野贞 文）

图 64-1 · 石佛寺（古青龙寺）

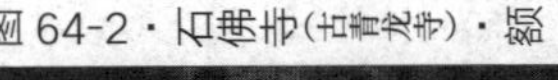

图 64-2・石佛寺(古青龙寺)・额

图 64-3・石佛寺(古青龙寺)・门

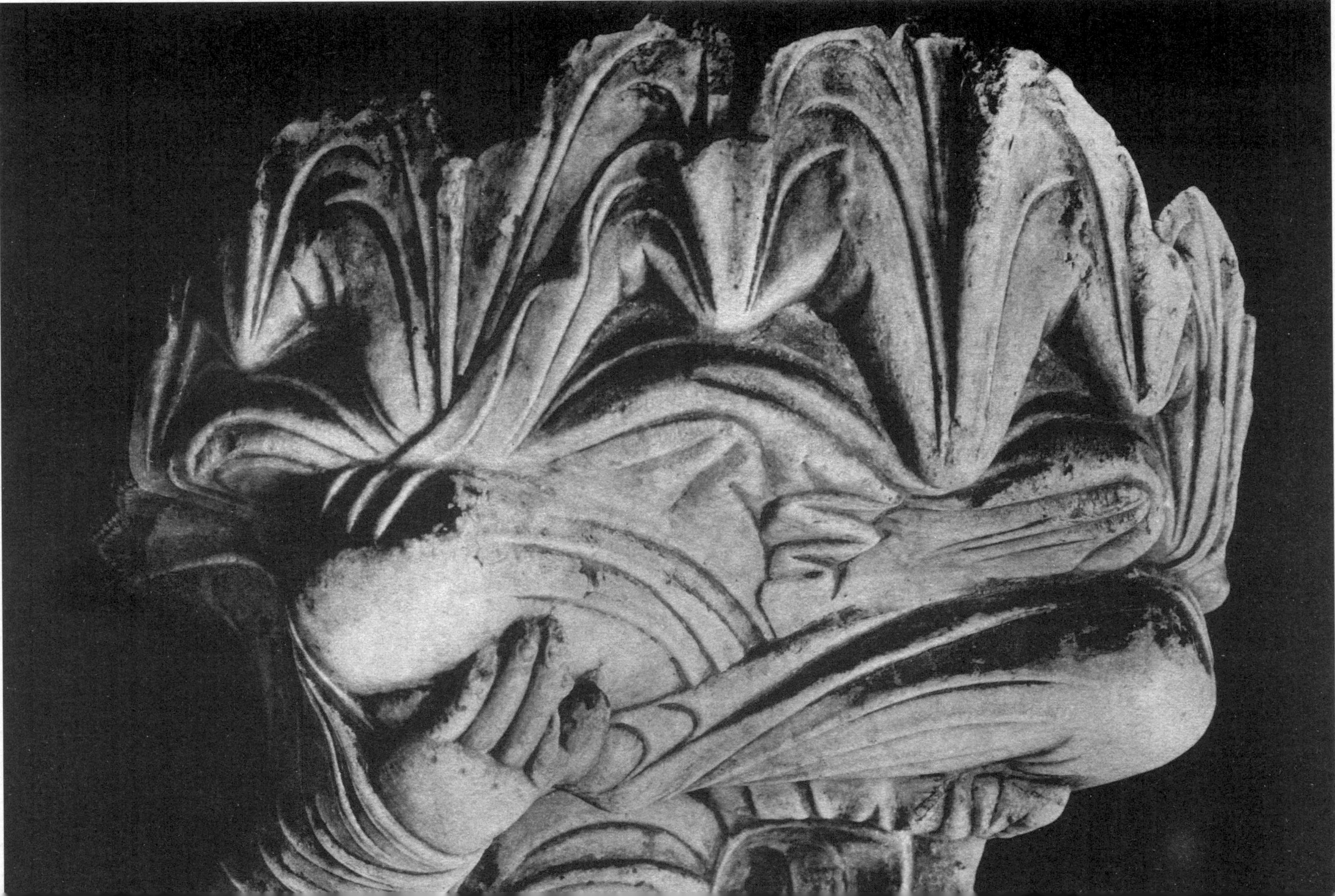

图 64-4 · 石佛寺(古青龙寺) · 白石释迦如来像

荐福寺

荐福寺位于今西安府城永宁门外西南三里处。据大宋政和六年（1116）的《大荐福寺重修塔记》载，寺院创建于唐高宗驾崩后百日的则天武后的文明元年（684），号献福寺。天授元年（690）改为荐福寺。至中宗大加营饰，神龙二年（706）在寺内设置翻经院，请义净三藏在此译经，因此翻经院很快成为义学的道场。寺内有十五级砖塔，为宫人率饯于景龙年间（707—710）修建，历经宋元明三代，代代重修，清康熙年间紫谷禅师整修初基。该塔与大慈恩寺的大雁塔相对，有小雁塔之称。（常盘大定 文）

小雁塔

小雁塔的平面为方形，初层三十七尺一寸七分见方。最上面的两层消失，今存十三层。初层最高，第二层以上高度明显变低，并依次递减，而且各层的广度、腰部以下减缩幅度不大，而腰部以上则很大，呈长炮弹状，其轮廓妙不可言。各层的檐，以砖作次第内弯状。壁面没有任何装饰，只开有半圆拱形小窗。

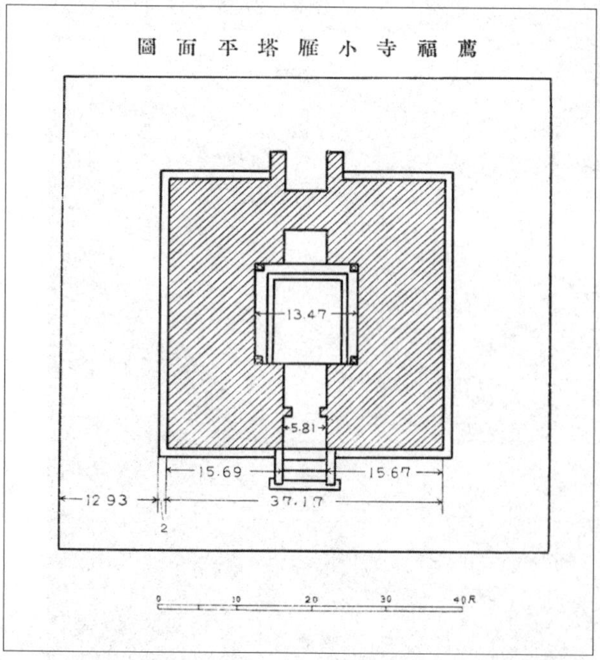

荐福寺小雁塔平面图

初层的正面开入口，有一条宽五尺八寸一分的通道直达位于中心的、十三尺四寸七分见方的塔室。塔室后方当初也开有通道，但现在（1906）处于封闭状态。昔日可能有阶梯通往上层，但如今，各层的地板消失殆尽，只有初层保存着肋形条薄板顶棚。内部正面佛坛上的佛龛内安置菩萨像，左右各列五躯佛像。更上方有棚状的托架，正面安置释迦三尊，左右各置八躯罗汉像。（图 65）

正面的通道口处有黑色大理石门抱框支撑着楣石，楣石上方有梳形石。抱框外面及侧面有宝相花纹浅浮雕，楣石上的宝相花中，阳刻迦陵频伽于左右。又在梳形石的中央装饰舍利壶，在其左右各作两飞天云中供养图，空余处各点缀两只飞禽。这些飞天、迦陵频伽、宝相花纹、飞禽、云纹都充分体现出初唐雕刻之流畅丰美的气象。可惜的是，因后人的刻字、题名，其美被毁。据刻字称，小雁塔曾发生过一次奇迹：明代成化末期，因地震，塔中裂近一尺，但其后再度发生地震时，塔之裂缝愈合如原状。此外还有一块刻石，其宝相花里刻着两飞天供养图，其雄丽之美，一如前者。该刻石也因嘉靖年间的题名而面目全非。（图 66）（关野贞 文）

图 65 · 荐福寺 · 小雁塔

工部主事
王謳行人王
懋同遊題
嘉靖二年十月
望日柱國南宇
伯毛良登臨
題

图66・荐福寺・小雁塔・南门楣石及阈石画像・拓本

香积寺

香积寺位于西安府城南三十里的神禾原，在子午谷之北。唐永隆二年（681）创建，也有人说建于神龙二年（706）。宋太平兴国三年（978）改称开利寺，现恢复唐名，称香积寺。唐时有香积、龙首二堰，将水引入城中。朱泚之乱时，龙首堰遭毁，唯有香积堰可用。至宋时，废香积，复龙首。香积寺之名来源于堰名。（常盘大定 文）

香积寺如今（1906）已废，只存荒颓的佛殿和大小两基砖塔。佛殿内除佛坛上安置着一尊小佛像以外，没有任何东西。

大砖塔当初可能是十三层，如今上部消失，仅存十层。初层的平面为方形，十二尺四寸三分五厘见方。四面有拱门，除南面的入口外，其余封闭。就连南面的入口也被后世用砖改窄改低，做成四方形。塔的初层较高，第二层以上的高度明显降低，而且其大小也次第缩减。初层的壁面为平板，而第二层以上则以壁柱隔成正方三间。正中一间开有半圆拱窗，左右间饰以直棂窗，柱上安大斗，厚重的塔檐以承载土砖堆积而成。屋盖也以土砖堆积，呈阶梯状，与其他的塔如出一辙。（图 67）

南面入口的上方载有一块看似后世制作的门扉石，以此为门楣，支撑着其上的砖壁。这块石头的下方刻有优雅别致的天像，看似毗沙门天。其头顶和足下的鬼怪，被嵌进入口左右两侧的砖壁内，看不出所以然，但其面貌之雄伟、姿势之优美、铠甲神服的刻线之细腻、力度之强劲、手法之流利稳健，皆充分显示出初唐的特质。雕像周围的空白处及其边沿雕饰的宝相花纹，也显示出流畅隽丽的情趣。（图 68）

该入口的上方有瓦制匾额，题“涅槃盛时”，上刻“大清乾隆三十二年（1767）在丁亥七月吉日，众等补修古塔”，下刻捐资住持及工匠的姓名。据此得知，该入口的补修及画像扉石的安放是在乾隆三十二年（1767）。

砖塔内部为方形、角柱形构造，现今无一物留存。各层的地板亦化为乌有，仰可见苍穹。塔整体权衡美观，与荐福寺的小雁塔不分伯仲。其柱、横枋、地栿木等均涂成红色，并且，在柱间的直棂窗内也是红色的莲子图案。（关野贞 文）

明万历年间（1573—1620）游访香积寺的赵崡在《游城南记》中记曰：“寺塔中裂，院宇荒凉，寺前壁上有毕彦雄撰《净业禅师塔铭》。”“寺僧言，是塔上坠落者。”该文收于《金石萃编》卷七十五中。题为“大唐龙兴大德香积寺主净业法师灵塔铭并序”，开元十二年（724），由门人思顼等修建。寺僧所言应为事实。果真如此的话，这座大砖塔就是纪念寺主净业的。据铭文载：法师，讳象，字净业。高宗忌辰，方阶落彩，观经疑论，剖析元微，念定生因，抑扬理要。延和元年（712）念佛告灭，同年陪葬于神禾原大善导阇梨的崇灵塔。由此可知，净业与怀感、怀恽共为净土教大成者善导的弟子。终南山悟真寺的创始者也名净业。据传，善导又名净业，还在悟真寺住过。这种说法，应该是把作为导师的他与其弟子净业混淆，进而又将他与悟真寺的创始者混为一谈了。（常盘大定 文）

小砖塔有三层，造型缺少美感，但初层的南面嵌插唐代石佛像，左右嵌插二天王石像，北面的壁间也安置了二天王的石像。天王中间看似镶嵌过石佛像，但如今不得而见。此等天神的雕像皆显初唐豪爽的风格。（图 69-1、图 69-2）

塔壁二天王照片（图 70）是笔者关野贞 1906 年亲自拍摄的。在那之后，二天王像被运往海外，如今归美国波斯顿美术馆所藏。（关野贞 文）

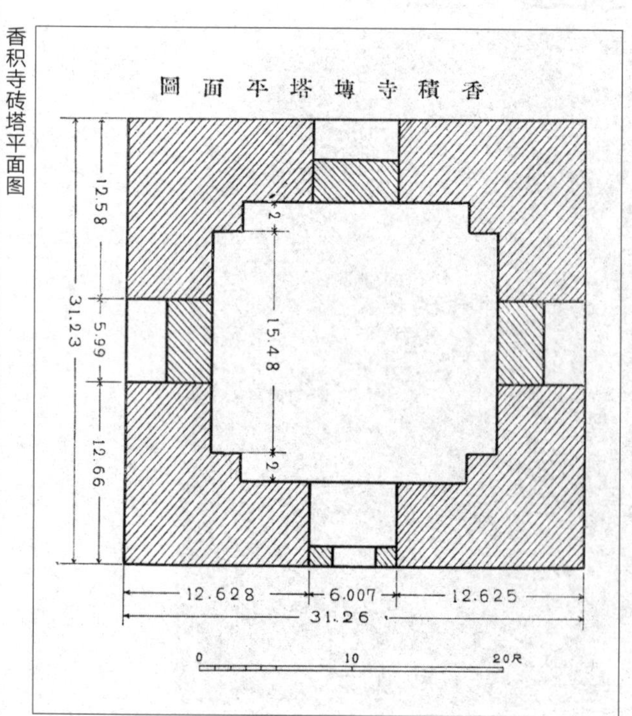

香积寺砖塔平面图

图67・香积寺・大砖塔

图69-1・香积寺・小砖塔

图 68 · 香积寺 · 砖塔 · 毗沙门天像 · 拓本

图 69-2 · 香积寺 · 小砖塔 · 一部分

图 70 · 香积寺 · 小砖塔 · 二天王石像

华严寺

杜顺乃华严宗始祖，因名著《法界观门》而流芳百世。唐贞观十四年（640）于南山义善寺无疾而终，安葬在万年县南三十里的樊川北原。在藏龛之处修建的就是华严寺。该寺位于一座丘陵的南面，地势较高，视野开阔，眼前可见樊川、神禾原，远眺可望终南山连绵。据《佛祖统纪》第三十九记载，杜顺的弟子为朝拜文殊来到五台山脚下。一老者告之，文殊在南山，杜顺和尚便是。弟子立即赶回，但为时已晚，师父已经示寂。由此可知，杜顺早已被信为文殊的化身。贞观十九年（645）创建于此的寺庙称作华严寺。寺院附近的杜光村是杜顺的诞生之地。至明代万历年间，赵崡游访此地，在《访古游记》三首之一的《游城南记》（《石墨镌华》卷七附录）中详细记载了该寺的状况。该寺位于兴教寺的西北方，沿神禾原前行，过惠炬寺再往西行不远便可抵达。

又西北为杨万坡夏侯村。上华严寺，丹碧雕残。……寺西二塔，不知谁为。真如寺僧言，昔有五塔，止存二。余观东一塔，下有杜顺禅师像。西一塔为清凉国师妙觉塔。俱经重修。……又一僧房，有唐俨尊者塔额大字。又有梦英撰碑何润之书记。文殊阁藏杜顺肉身，今亡所在。而杜顺和尚碑，不知何缘，乃在长安开佛寺中。

《西安府志》说：明代改名开福寺；至嘉靖年间，因地震毁坏；万历元年（1573）重修，但如今又归于废灭，仅存真如塔。

笔者一直以为该华严寺早已不复存在，但1935年9月，东方文化学院的结城令闻游访当地时确认尚存：在宋代张礼的《游城南记》中记载的位置上华严寺依然存在，其状况与明代赵崡《游城南记》中的记述几乎无异。结城的报告称：

从牛头寺沿勋阴坡东行约五华里可见坡上有二塔并列，这便是华严寺。东侧的塔是华严宗始祖杜顺之塔，西侧是第四祖清凉国师妙觉之塔。（图71-1）从坡上眺望，不能不说其景致比牛头寺的更佳。

图71-1·华严寺·杜顺塔及清凉塔·远景

长而泛着白光的带状樊川（华严川）、滋润的平原、平和的神禾原、拥翠的南山，景色堪称极致。二塔的中间，有一堂宇，上悬“华严寺”题额，规模不大，其北面有僧坊。虽称之为僧坊，但实为凿黄土而成的土窑，极其粗糙，入口的右侧吊着明代的铜钟，（图 71-3）而且其内只有住持果安一人居住。妙觉塔的下方刻有妙觉塔记，其抄本乃果安和尚施与。据说，民国十九年（1930）八月，朱子桥等人来到此地，见其荒凉凋残之极，不由唏嘘感叹，乃投资二千五百余元发愿重修，使其保有今日面目。云云。

图 71-4 · 从华严寺眺望樊川 · 神禾原 · 终南山

如果说是民国十九年（1930）重建，那么之前的寺院应该处于废灭的状态。寺院虽废，而杜顺塔和清凉塔仍然保持昔日的风采，这一点显示着宗教的永远性。杜顺塔为唐制方形，高约七丈，砖筑，气宇堂堂，与玄奘三藏的墓塔形制相同。虽经多次重修，但明显保持着唐代的形制。（图 71-2）

清凉塔乃元代重建，八棱形。其址原本是杜顺的墓地，本无在此建寺之意，杜顺的学德使法藏和尚安葬于此，更让清凉国师在此起塔。清凉塔初层南面嵌有一石，题“大唐清凉国师妙觉之塔”；（图 72-1）北面嵌入一碑，题“大元华严寺重修大唐华严新旧两经疏主翻经大教授充上都僧统清凉国师妙觉塔记”。至元九年（1272），宣赐京兆府长春禅院长讲沙门印吉祥集，宣赐扶宗弘教大师上谷大法云寺传戒长讲沙门行吉祥建。塔记中有如下记载：聚国师舍利，安葬塔中；文宗皇帝命裴公美撰碑，沈元及塑像；塔谥妙觉，御制真赞；尊师礼貌，优渥无前；今则年代寖远，遂塔废碑亡，漫不可考；有清凉远孙行吉祥，募捐重建。（图 72-2）

在背后的断崖上凿黄土而成的土屋现被充作僧房，但它肯定是元僧普瑞在《玄谈会玄》第三十八卷中提到的藏杜顺肉身的地方。妙觉塔记中提到的终南石屋，可能说的也是这个土屋。正是这个土屋，最初安放杜顺的肉身，其后安置相继入寂的杜顺宗信奉者的肉身。如此看来，尽管只是一个土屋，但通过结城令闻的实地考察，又得古记文字记载，使我们发现其存在的意义。（常盘大定 文）

图 71-3 · 华严寺 · 寺后面的土室

图 71-2 · 华严寺 · 杜顺塔

大唐清凉国师妙觉之塔

图 72-1 · 华严寺 · 清凉国师妙觉塔铭

不可考有清涼遠孫永安嫡子龍川行吉祥者受
今上皇帝之師號得
大元帝師之戒法欲重建祖塔自燕京至臨洮往復万里特以是事白今
帝師決其可否　帝師曰善哉善哉真美事也出白金一笏以遺之併囑陝西僧統雄辯大師五路
提領遷公大師共成其事既祗終南按傳載遍求塔址懇土尋丈僅見石座因請詮庵主者書清涼疏
三卷欲葬塔中以酬志願繼而因緣際會有以石座來施者有以舍利來獻者如照禪師於
天兵之後在華嚴寺收得清涼舍利回施於衆有達僧判清典座劉万户太夫人賈氏張大監夫人
劉氏等各施所得舍利計千餘粒方欲詣市贖玻瓈瓶以貯之万户夫人復以家藏玉瓶為施并轉法
藏設齋慶讚迎引之日甘澤應祈烏雲四起還歎太湖香花幡蓋送長安城送出南關隊仗四散雨方
滂霈是夕宿張大監莊大人劉氏大興供養翌日道至焦村欲雨不雨粘合二哥千户夫人术忽氏衆
檀信等設供鼓樂喧闐幡花間雜送至寺中本處齋提控衆老宿等又復設齋罷人散復大雨矣此皆
檀越之敬信清涼之感應也塔成命印吉祥記之自愧謏聞難勝大任牢辭不獲姑述梗槩以酬盛
心若夫序清涼之世系師承美清涼之道德功行已具載於相國鄭公餘慶十卷之文裴公休
妙覺之碑矣茲毋庸贅云
至元九年歲次壬申九月日　宣賜扶宗弘教大師上谷大法雲寺傳戒長講沙門行吉祥建
宣授陝西五路釋教都提領圓融湛寂弘教大師弘遷
宣授陝西等路釋教都僧統本寺住持雄辯大師釋信滿　同建　本寺院主信遇
宣授諸路釋教都總統燕京大寶集寺住持壇主遠孫圓明吉祥　副院弘冲
宣授輦昌路都提領崇信　都僧錄惠才　僧錄覺照　都僧判業緣　僧判復興
京兆路都僧判通濟大師　幸達　收舍利主無憂居士吳清
京兆路都僧錄明鑒通惠大師　丈亨　前咸寧縣丞任天祐
宣授京兆路僧尼都提領大師　明湛　提點正元
僧統所案司提舉惠達　知管普明　知書文滿　德聞　譯使唐文慶　知印張英
京兆路僧錄司提點宝輝　知文道常　管局道瓊　提點祖欽
宣授扶宗弘教大師傳法門人　講經沙門了應　了悟　小師提點義明　維講海寧
提點祖宝　海興　海進　海達　海悟　提點海珎　海受　海回　海聚
侍者海初　海俊　海祐　海祥　海貴　海湛　海榮　海信　提控　刘澤
上座海智　海志　海應　助緣尼　福璦　善妙　行堅　智善　智秀　福智　海昌
西京路都僧錄普恩寺住持通悟大師　全吉祥

大元華嚴寺重修太唐華嚴新舊兩經疏主翻經大教授充上都僧統清涼國師妙覺塔記
宣賜京兆府長春禪庵長講沙門印　吉祥集
京兆延安鳳翔三路僧尼都提領釋或　吉祥書丹
師諱澄觀字大休俗姓夏侯氏越州會稽人也年九歲礼本州寶林寺禪德體真大師為師甫越一朞
解通三□有一歲蒙恩得度□衣福田心冥理觀乃講般若涅槃淨名圓覺等一□四經起信瑜珈
同明惟識等九論其他長安四絕論生公□四科終南法界觀天台止觀康藏還源觀耽玩不捨如龍
戲珠也舉滿受具於曇一大師繼業南山業遂講律藏又於常照禪師受菩薩戒啓□弘誓非徒言之
實允躡之行解圓融福德具足又叅無名大師印可融宗宗說兼通理之必至審觀稱性無越華嚴仍
依東京大詵和尚聽受玄旨一歷耳根再同能演說曰法界盡在汝矣至住處品慨念　丈珠隨事觀
照五臺遂不遠万里委命棲託閣錫大華嚴寺十年于茲山門淨侶敦請數揚若日一乘別教談何容
易但以斯教　贊首頗得其門後學未窺其奧每恨人亡法障未備全書承龍有人逢蒙見解吾於
此時不可默矣又念　五地聖人身棲　佛境心證真如於後得智起世俗心作世間解迺覽儒家
經子史傳道家莊老寓言東震詞翰西乾梵書悉皆游刃擬著大疏於般若院祈　聖加護見一金
像捷特山嶽面如滿月卓立空際仍於寐中捧咽面門及覺遂下椽筆如有神助通以同時具足十玄
科以信解行證四分首尾相應遠近相符譬如大明當空眾星奪曜是月也設無遮以慶之疏就將閒
忽夢為龍頭抗南臺尾蟠北臺鱗鬣耀空明逾皎日鎮更舊迁化作多龍分照而未流通之北其在茲
乎暨演新製五雲凝空四眾輻湊咸來叩曰大教理深疏文義廣願加再剖以決重昏遂與上首覺人
僧叡智愷等製隨疏演義鈔四十卷隨文手鏡一百卷口訓面授又為相國鄭公餘慶南康王韋公皐
越州觀察孟公簡左拾遺白公居易等著十七卷文是皆所以發明華嚴之旨也又為僧錄遂大師等
製經律論關脉三十餘部又　七聖誕節對御說法表奏八十餘卷　國師以　玄宗開元戊
寅歲生天寶戊子歲出家　肅宗至德丁酉歲受戒　代宗大歷戊申歲譯經　德宗元興甲
□歲造疏至貞元丁卯絕筆貞元丙子翻經賜紫貞元己卯授清涼　國師號　順宗礼為師問
大經理趣言下有省煥若臨鏡照明於心　憲宗元和庚寅授僧統印　穆宗　敬宗礼為師讚
云我　和尚甚深希有類優曇鉢花朗潤隨機若摩尼大寶　文宗太和辛亥受心印於師開成已未
□三月六日□召上足三教首座寶印法師海岸等付法入寂歷　九宗聖世為七帝門師俗壽一
百二僧臘八十三形長九尺有四垂手過膝目夜發光晝乃不瞬言論清雅動止作則才供二華學贈
九流凡著述見流傳者總四百餘卷盡形一食太經前後講五十餘過無遮大會十有五設出家家子
為人師者三十有八海岸虛寂為首稟授學徒遠千人數惟東京僧睿宝峯宗密獨得其奧餘則虛心
而來實腹而往蛻經三七顏色潤澤端坐如山乃之力也其月二十七日恭承遺旨迁奉全身於終南

图 72-2 · 华严寺 · 清凉国师妙觉塔记碑 · 拓本

开福寺

开福寺位于西安府城内东北角。由于《雍州金石记》中记载说其佛殿前有杜顺和尚行记碑，笔者便于 1906 年 11 月特意前往游访，遍寻寺院，终不得见。向寺僧打听，也一无所获，不甚遗憾。好在之后从西安府一拓字者处得到碑文拓本，即本书中登载的这幅。后来，如前面提到的那样，结城令闻在碑林中找到了此碑。(常盘大定 文)

开福寺的佛殿为三间单层，檐盖为歇山屋顶，以瓦修葺。正中一间设入口，两胁间开窗户。均采用花格板门扉。斗拱为二踩，架单檐圆椽，椽角为扇形。看其构造样式，属明末作品。(关野贞 文)

碑林 | 杜顺和尚行记碑

碑题曰“大唐华严寺杜顺和尚行记”。乡贡进士杜殷撰，董景仁书，大中六年(852)落成，也就是说，建于和尚圆寂二百一十二年之后。根据碑记，仅能获取如下信息：(1)顺乃尧之苗裔；(2)其兄有军旅之患；(3)其门人，动意寻五台灵境；(4)杜殷乃杜顺之裔孙，等等。如《墨林快事》的评价：“字颇可收，其文义晦涩，破碎全不成说。”碑文意义难通。前面曾提到过，明赵崡说这通碑不知为何在长安开佛寺中。《雍州金石记》卷十有载：碑在西安府城内北角的开福寺佛殿前。《石墨镌华》《金石文字记》却认为把该寺当作开佛寺是错误的，或许是古华严寺迁至西安城后被称作开福寺了吧。1935 年访问西安的结城令闻说这通碑现存碑林中，并带回照片。碑身立于方趺之上，并非唐碑中上乘之作，但螭首上可见唐朝遗风。(图 73-1、图 73-2)

图 73-1·碑林·杜顺和尚行记碑

图 73-2 · 碑林 · 杜顺和尚行记碑 · 拓本

百塔寺

百塔寺位于西府城南五十里的梗梓谷口，在终南山北麓，隋代称鸱鸣埠。所在之地有一尸陀林，林中曾有隋信行禅师的舍利塔院。至唐贞观五年（631），信行禅师之徒僧邕禅师留下遗嘱，让后人将其葬于信行塔院左侧。自此开始，后人相继在其左右起坟，于是，在大历二年（767）或大历六年（771）得尸陀林一名。据张芳碑记载，其地为唐相裴休所施。宋《长安志》说：至太平兴国三年（978），附兴教院之名。百塔之中，除僧邕禅师塔之外，还有显庆二年（657）建光明寺大德慧了法师塔和化度寺僧海禅师塔、总章元年（668）建道安禅师塔、开元四年（716）建净域寺法藏禅师塔。是等塔主皆为奉行三阶教之人，乃时代之灯明、之心柱。僧邕、道安、法藏的塔铭收录于王昶的《金石萃编》。

明万历年间游览此地的赵崡在其《访古游记》三首（《石墨镌华》卷七附录）之《游城南记》中载：寺位于香积寺东南十里的宝际寺（可能是“实际寺”之误）更东南五里处，西距普光寺十五里，东距草堂寺五十里。赵崡就该寺曰：

本信行禅师塔院。山畔唐裴行俭妻库狄氏葬塔尚存。余小塔，《记》所谓累累相比，谓之百塔者。今止存三五而已。殿前石幢经，无可书殊绝。寺亦入秦邸，故庄严稍胜。殿壁金元旧画，雄伟可观。

赵崡寻访的是古信行塔院，这一点毋庸置疑。其后，又经过了几多星霜。（常盘大定 文）

时至今日（1906），塔院荒废，仅存小僧房一间。佛殿塌坏，唯有残垣断壁侧立左右。寺外有五层小砖塔一座，其余的塔婆皆归乌有，残石散见各处。现择其重要者列举如下：

（1）五层砖塔　平面方形，砖造。各层大小及高度递减，上顶有铜制宝珠。整体权衡甚佳，但塔檐过于厚重。通高约六十尺。建立年代不明。从样式来看，不会早于宋元。（图 74-1）

（2）尊胜陀罗尼经幢　有两基。其中之一是前述《游城南记》中提到的大和六年（832）建无可书经幢，位于旧佛殿前。下径一尺二寸四分，上径一尺六分五厘，高五尺七分五厘。如常规，刻有佛顶尊胜陀罗尼。（关野贞 文）

其后有内供奉僧睿川添加的铭文，据载，此经幢由行律比丘尼愿证建于先大师惣静的荼毗所。该荼毗所在三阶教大禅祖的荼毗林畔。惣静是三阶教法嗣这一点不容置疑，因而，据铭文可推知，比丘尼愿证也是奉行三阶教的。幢后铭全文如下：（图 74-2）

《佛顶尊胜陀罗尼经》

（幢后铭）

内供奉僧睿川文　白阁僧无可书　伯氏尼总宁　门人愿证　循定殷雅　之雅

启元　大唐大和六年(832)四月十日建

于戏行律比丘愿□，三阶教大禅祖荼毗林畔，先大师荼毗所，哀恸树是明幢，比丘睿川为其铭。师姓耿氏，讳惣静。年五十四，夏三十四，大和五年(831)正月二十六日，长安县群贤里直心寺□灭。灰舍利闭是下。□□分律旧疏，大□研而达底拔临坛法三阶法。甚苦习法华等大乘□。大小乘戒。至是蚤夜无己。愿证以其师尝来，学先天寺。余先大师，临坛四分大师下，悉熟行道。□□乞词。是岂宜□□□□。茫茫归人，前有何向。明度总持，□□之仗。觉者先后，师兄唯徒。先归本根，福唯后敷。不尔塔万砖，斅尔幢一石，资粮尔师，圣地之力，而佛昭格。（常盘大定 文）

（3）大理石水盘　长方形，在寺院前。宽一尺六寸六分五厘，长二尺三寸八分，高一尺四寸六分，口缘厚二寸五分，四面阳刻四神图，周缘作宝相花纹，雄劲秀丽。刻有玄武的那一面已经破损。从样式来看，制作年代不会晚于唐末。

此外，还有金承安辛酉（1201）咸宁社居士寿塔残石以及塔身残石、石盖、石座等，均为唐宋年间之物。（关野贞 文）

图 74-1・百塔寺・五层砖塔

图 74-2・百塔寺・陀罗尼经幢・拓本

隋信行禅师铭塔碑

隋代信行禅师是三阶教的主要倡导者。周武帝废佛后一度落寞的佛教至隋代光复，在与之勃然而兴的教派中，三阶教为强而有力的一派。其教理以普佛普法为中心，以无教判为教判，超脱自由，而实行起来颇为严肃。三阶教排斥独善，以济度为先，常卑辞屈己，以此扩张在佛教界的势力。因其“党其偏见，妄生穿凿，既乖反圣旨，复冒真宗”，开皇二十年（600）遭禁断之厄，开元十三年（725）又罹除去之灾。但追慕信行之教徒为数不少，皆欲在其塔侧陪葬，以至信行塔院得“百塔寺”之称。

此碑不记撰者和书者姓名，也不载建立年代，实为遗憾。将其与《续高僧传》第十六的“隋京师真寂寺信行传”对照，发现两者在诸多方面互为补充。关于其出生地，传记中只提到魏郡，碑文中则为魏州卫国。关于其著述，传记中说：“对根起行、三阶集录，及山东所制众事诸法，合四十余卷。”而碑文中则说：“对根起行之法三十余卷，三阶佛法四卷。”关于圆寂

年代，虽然二者一致认为是开皇十四年（594）正月四日，但关于年龄的说法则有出入。传记认为五十有四，碑文则称五十有五，应该以碑文为准。关于安葬地，二者一致认为是终南山鸱鸣埠，但碑上还添加了“尸陀林”三字，并称：“依林葬之法，敬收舍利，起塔于尸陀林下。世移年改，身没名沉，古老惑讹言，童稚绝见闻。故略其行德，寄之金石，将来有识，知舍利在兹。”此碑文证明塔碑建于三阶教禁断之后，教徒陪葬之前。传记中说：“树塔立碑在于山足，有居士逸民河东裴玄证制文。”碑文会是这个玄证撰写的吗？

而且传记还说“京师置化度、光明、慈门、慧日、弘善五寺。”而碑文载：“法师净名、禅师僧邕、徒众等三百余人，以禅师为善知识，三业随逐，二十余年。”

此外，传记中只说：“六时礼旋，乞食为业。”而碑文上说：“生施死施，大士有苦行之踪；内财外财，至人有为善之迹。”“外财”一词，显然含有物质救济之意味。

此碑文在宋代以后长期湮灭，不被学者所见，因此没有收入金石书中。但是至近代，再次现身于世。（图 75）（常盘大定 文）

图 75 · 百塔寺 · 隋信行禅师铭塔碑 · 拓本

碑林 | 唐净域寺法藏禅师塔铭

净域寺法藏禅师塔现位于西安碑林第二后堂前庭东廊的壁间，周缘阳刻华美宝相花纹。嘉庆乙亥年（1815）所撰《长安县志》记载说此塔在百塔寺，因此，移至碑林应该是其后的事情。开元四年（716）建造。

据铭序记载，法藏禅师实为屈指可数的三阶教徒。禅师乃苏州吴县人，少府监丞诸葛礼之次子。自小出家，师从净域寺的大德钦禅师，与众生作大善知识。不食非乞之食，不衣非扫之衣。终生不骑驴马，不造佛抄经，从佛性中求真如来，以改世人弄虚作假之弊，贵本归真。其道行传入朝廷，奉武则天之制，如意元年（692）于东都大福先寺检校无尽藏。长安年间（701—704）又检校化度寺无尽藏，同年，奉制请为荐福寺大德。开元二年（714）以七十八岁高龄入寂，由门人在终南山梗梓谷尸陀林荼毗起塔。尸陀林是三阶教祖信行禅师墓塔所在之地。序中明确地道破禅师和三阶教的关系："自佛般入涅槃，于今千五百年矣。圣人不见，正法陵夷。即有善华月法师，乐见离车菩萨，愍兹绝纽，并演三阶。其教未行，咸遭弑戮。有随信行禅师，与在世造舟为梁，大开普敬认恶之宗，将药破病之说，撰成数十余卷，名曰《三阶集录》。禅师靡不探赜索隐，钩深致远，守而勿失，作礼奉行。"称三阶教兴起于佛灭一千五百年之际，其教旨记为普敬认恶之宗，将药破病之说，真是言简意赅。文中还说："开普门之幽钥，酌慈源之密波。"表示要以普敬认恶为宗旨，以民众为伍，为慈忍之行。其普敬之状，从"每对天龙八部，昼夜六时，如救头然，曾未暂舍"中可见一斑；其慈忍之状，从"非乞之食不以食""非扫之衣不以衣""终生不乘驴马"等说法可知。其意图是从一切共有的佛性中寻求众相之本、万行之宗。为修得三十二相八十种好，禅师废情属境，卑以自居，使其奉武后之制检校的无尽藏成为经营三阶教的社会资源。此铭序，虽行文简单，但写了信行禅师，谈到三阶教旨，提及无尽藏，还涉及了教徒的风格。与前面提到的信行禅师碑，同为贵重的文献资料。当时，净域寺内有三阶院，因此，其师大德钦禅师可能也是三阶教徒。（图 76）（常盘大定 文）

图76・碑林・唐净域寺法藏禅师塔铭・拓本

崇圣寺

崇圣寺乃唐宋时代古名，明清时代曰“崇仁寺”，通称“金胜寺”，在西安府安定门（西门）外五里。清同治元年（1862）夏被火烧毁，只遗碑亭。但据说，六年后，里希特霍芬游访时，连碑亭也不见了行踪。从那以后，寺院彻底荒废，仅存石坊及十几处碑碣。其中的大秦景教流行中国碑最为脍炙人口，1906 年，作者去的时候还屹立在荒废的庭院里。（图 77-1）第二年（1907），恐被人收购后运往海外，故将其收入碑林保护起来。

石坊建于万历二十年（1592），上刻有为数众多的人物、盘龙、狮子、草花。技工虽欠精纯，但可视为明末作品中佳作。（图 77-2）其北方有佛殿遗址，九间四面，现仅存柱础及部分砖壁。（关野贞 文）

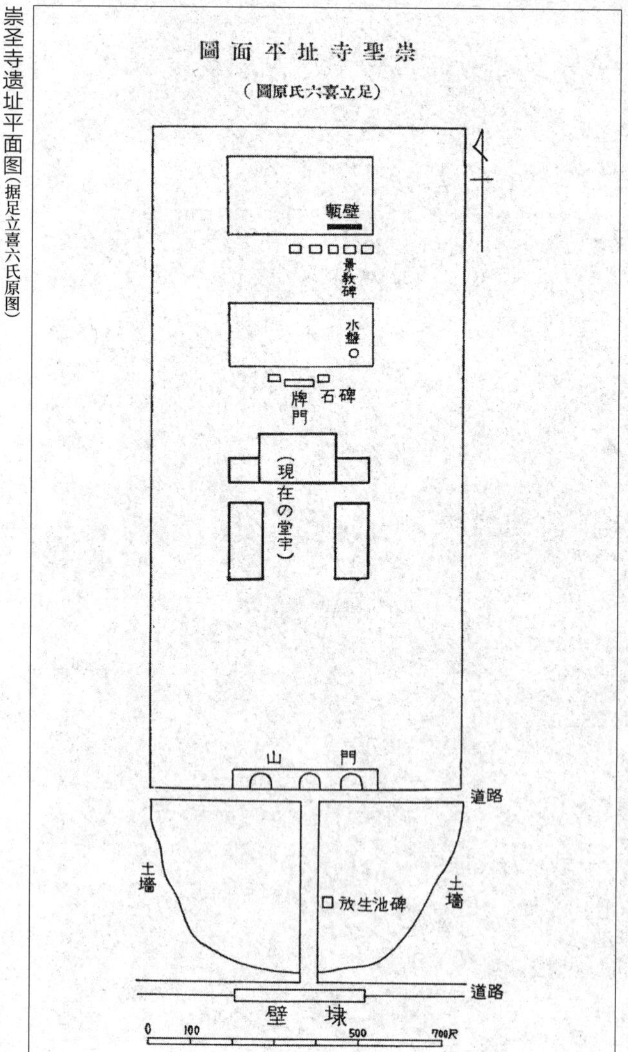

崇圣寺遗址平面图（据足立喜六氏原图）

图 77-1・崇圣寺遗址・大秦景教流行中国碑

图 77-2 · 崇圣寺遗址 · 石坊

大秦景教流行中国碑

大秦景教流行中国碑，通高约九尺，宽三尺二寸一分，厚一尺七分。上有螭首，作为唐代的作品乃普通之作。龟趺是近世（可能是清初）重新打造的。额上以正书题“大秦景教流行中国碑”，其上有三角形区域，阴刻十字架立于莲花座上，左右配云纹及草花。碑文乃波斯僧景净之作，书丹出自吕秀岩之手，建中二年（781）建立。

此碑作为讲述中国聂斯脱利派教史的唯一金石著称于世。其仿制品有二，其一安置在纽约的博物馆，另一个立在日本的高野山。

从碑中得知以下事实：景教是唐太宗贞观九年（635）由大秦国的阿罗本首次传入中国的。当时，太宗命宰相房玄龄把他迎接到西郊，让他译经传授，并于贞观十二年（638），在府中敕建大秦寺。至高宗时代（650—684），以阿罗本为镇国大法主，在

各州设置景寺，因此，法流十道，寺满百城。其后，佛教徒及学者中虽有人对景教发难，但玄宗时代（712—756），招景僧进宫说教；肃宗时代（756—762），重建景院；代宗时代（762—780），在天长节赐飨景僧。当时的景僧，每年有五十天要给穷人衣食，给患者治病。碑文记载了贞观九年（635）至建中年间（635—784）约一百五十年间的景教史实。其后，盛况持续了六十年，但武宗会昌五年（845）废佛时，景教也被还俗追放，至此被彻底扫地出门。至元代，虽恢复一时生气，但伴随着元朝的灭亡，再次退出历史舞台。

据说此碑发现于明朝天启五年（1625）。虽有新说法认为可能是天启三年（1623），但以前者为通说。据说是西安的一个县知事为其儿子修坟时偶然从地下发现的。第一个尝试研究的人是鲁德照，经他在著作《中国全史》中一介绍，顿时引起西方人的注意。之后，伴随其盛名，研究者辈出，一度还出现

过伪造说。还有一西方人欲将此碑运往海外，但没有得逞，便制作仿造品取而代之。因此也曾引起过如下疑问：碑林中的此碑与纽约的那通仿造碑究竟哪个是真品？（图 78）（常盘大定 文）

图 78 · 崇圣寺遗址 · 大秦景教流行中国碑 · 拓本

陕西潼关 TONGGUAN COUNTY OF SHAANXI PROVINCE

陕西华阴 HUAYIN CITY OF SHAANXI PROVINCE

陕西临潼 LINTONG DISTRICT, XI'AN CITY OF SHAANXI PROVINCE

陕西鄠县 HUXIAN COUNTY OF SHAANXI PROVINCE

XI'AN CITY OF SHAANXI PROVINCE

TONGGUAN COUNTY OF SHAANXI PROVINCE
HUAYIN CITY OF SHAANXI PROVINCE
LINTONG DISTRICT, XI'AN CITY
OF SHAANXI PROVINCE
HUXIAN COUNTY OF SHAANXI PROVINCE

FUXIAN COUNTY OF SHAANXI PROVINCE
SANYUAN COUNTY OF SHAANXI PROVINCE
JINGYANG COUNTY OF SHAANXI PROVINCE
CHENGCHENG COUNTY OF SHAANXI PROVINCE

CHANGWU COUNTY OF SHAANXI PROVINCE
LIQUAN COUNTY OF SHAANXI PROVINCE
XIANYANG CITY OF SHAANXI PROVINCE
QIANZHOU COUNTY OF SHAANXI PROVINCE

陕西西安
陕西潼关 陕西华阴
陕西临潼 陕西鄠县
陕西鄜县 陕西三原
陕西泾阳 陕西澄城
陕西长武 陕西醴泉
陕西咸阳 陕西乾州

陕西潼关

从河南省阌乡县(今河南省灵宝市)西行，在秦岭支脉北麓入山处有一匾为“第一关”的关门，这便是河南省与陕西省的交界处，经过此地再前行些许，左方出现一座需要仰视的高山，上有城墙蜿蜒，这就是潼关，其右方有浩淼黄河横流脚下。郑州以西至潼关为高原地带，丘陵起伏，眼界狭窄，兀山浊水相继，道路黄尘滚滚。然而，潼关一过，地势突变，广漠的平原展现眼前。这便是所谓的天府之地，沃野千里。

原来，秦岭山脉的主脉是黄河与扬子江的分水岭，地跨甘肃、陕西、河南三省，东西走向，其东头进入河南省形成伏牛山，为淮水之源。另有一脉，接陕西省渭水南端，自西安东起，横贯于黄河与洛水之间，也称秦岭。这第二秦岭有南北走向的肋骨数条，将陕西与河南分隔开来的就是其中最主要的一条，这条肋骨从脊背分出，朝北延伸，在黄河岸边突然终结，形成险峻山崖。在这座山崖上修建的城郭便是潼关。此关是从东边入关的唯一关口，乃一夫当关，万夫莫开的天险。昔日秦国统一六国全靠此关。关中之地，北有黄河巨流，南有秦岭天险。入关之口，东有潼关，南有蓝关；进入蜀地则要通过大散关，除此之外，只有斜谷、萁谷、子午谷等间道，整个关中基本上被万尺以上险峰团团包围。

潼关虽无古老的建筑，但城隍庙、文庙、关帝庙、金灵古寺等建筑都非常得体。以上内容，来源于1902年9月至10月间路过此地的伊东忠太博士的记事。(图79)(常盘大定 文)

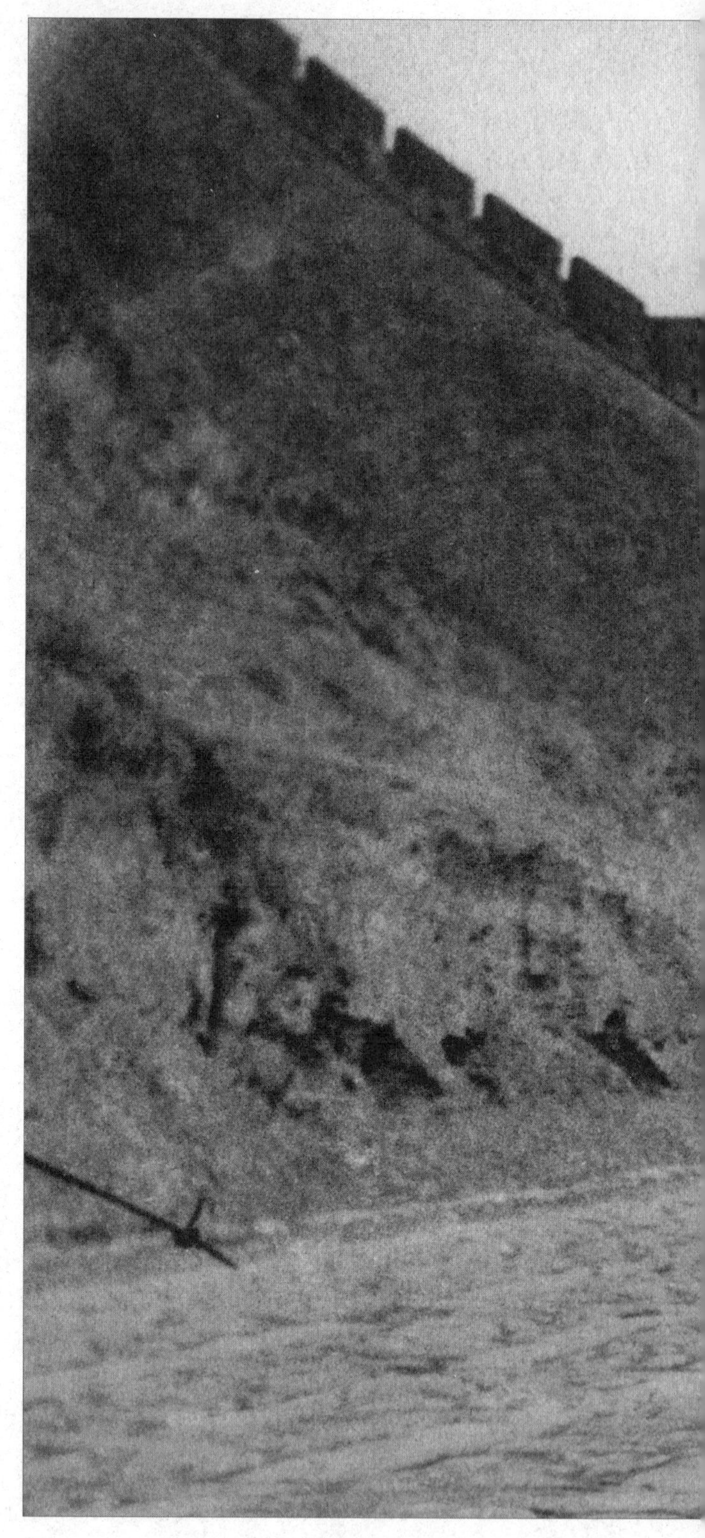

图 79・潼关

陕西华阴

西岳庙

从潼关再往西进，不久便告别黄河，沿着从蜀地奔流而来的渭水右岸前行，即刻便看到左方出现一座美丽的高山。这就是五岳之一的华山，即西岳。(图80-1)其形状与日本的富士山类似，山姿奇峭，雄伟挺拔，山体由花岗石构成。山下有西岳庙，(图80-2)是祭祀华山神灵之地，现存汉代残碑，还有后周、唐代的石碑，宋代至明清时代的石碑，数量极其可观。

北周碑，上题“西岳华山神庙碑”，立于天和二年（567）。这个时代的石碑极其罕见，至今为止，笔者只见过这一通。(图81-1)（关野贞 文）

乾隆甲寅年（1794）修订的《华阴县志》卷十六“金石”部中有唐元宗御制西岳华山碑的记载，文后揭载《述圣颂》，并收录了《集古录》《石墨镌华》《金石史》《金石文字记》《王宜辅山志》《关中金石记》中与之有关的记事。据其中的《关中金石记》载，此“颂”以“述圣”命名，其原因在于该文是对元宗御制西岳碑铭一事的记录与赞颂。据《石墨镌华》记载，唐述圣颂碑在华阴县岳庙中，达奚珣撰序，吕向撰颂并书，但未著年月。(图81-2)

该县志其后记载了华岳精享碑，并收录了《石墨镌华》《金石史》《金石文字记》《关中金石记》中与之有关的记事。

综观以上记载，华岳精享碑是因开元帝遣苏颋在华山祈雨有应验而建。作者为主簿咸廙，书者是御史刘升。八分书是开元八年（720）所刻，碑文刻于后周天和二年。

庙中曾有大量古碑，但嘉靖末年发生地震，大多唐碑被毁，因此仅存此碑和述圣碑两通。（常盘大定 文）

图80-1·华山·远景

图 80-2・西岳庙・正殿・斗拱

图 81-1 · 西岳庙 · 北周碑

图 81-2 · 西岳庙 · 唐述圣颂碑

陕西临潼

骊山

骊山位于临潼县南，(图 82-1) 其绝顶有周幽王放狼烟的烽火台遗迹。幽王在山下遭犬戎杀害之后周都迁至洛阳。后秦始皇掌握政权之后，聚天下臣七十万人，一边修建阿房宫，一边在骊山脚下打造宏大的陵墓。(关于秦始皇陵，后述)

华清宫位于骊山脚下，是著名的温泉胜地。这里是秦汉时代的皇帝屡屡行幸之地，至唐代修建了温泉宫。玄宗皇帝时期改称华清宫。每年冬季皇帝要到此行幸，文武百官随从。华清宫即冬宫。相传宫中的温泉是因白居易的《长恨歌》而闻名于世的、杨贵妃洗凝脂的华清池。泉池的边沿和底部以大理石筑就，天花板以砖砌成，呈穹隆状，其上建有楼阁。据说此温泉禁止普通人沐浴，只有达官贵人才能沐浴。(图 82-2、图 82-3) (关野贞 文)

图 82-1 · 骊山 · 远景

图 82-2・华清宫

華清池上夕佳樓

图 82-3・华清宫・温泉

秦始皇陵

秦始皇陵在临潼县东十里，修筑于骊山东边的山脚下。当初改造丘陵，深掘地下，修建了一个带有长羡道的宽大宣室，规模宏大。远望之，恰如平地起丘陵，其规模之巨大，无一能与之相比。这就是始皇帝役使天下七十余万人营造的陵墓。远眺之，墓地高出树林，犹如小山屹立。项羽、黄巢等皆对其破坏过，但其形状大致保存完好。始皇陵为二层方坟，面南，底层约一千一百三十尺见方，高一百尺左右。其周围，当初似乎更加宽阔，数十百步之间留有形迹，不过现在（1906）全部化作农地，南面似马鬣，长长地延伸。《史记》皇览注称：“坟高五十余丈，周回五里”，《汉书·刘向传》也与之相同；《博物志》说：“高数十丈，周回六、七里”，似乎比较得当；《两京道里记》的“陵高一千二百四十尺”稍高；《水经注》有“坟高五丈”的记载；都穆《骊山记》有“陵高可四丈”的说法，可能指的是上层坟；《山陵杂记》说的“周回七百步”，大概也是指的上一层；《汉书·刘向传》中有“上崇三坟”的说法，由此看来，当初可能是三层墓。果然如此的话，目前所见的是上面的两层，而其基层，可能被开垦为农地了。《史记·本纪》中有“树草木以象山”的说法，虽然眼下不见陵上有一木，但据此可以想象出当初那树木葱郁的景象。《两京道里记》有“内院周五里，外院周十一里”；都穆《骊山记》有“内城周五里，旧有四门；外城周十二里，其址俱存”的记载，由此可见，在当初分内外两郭，四面开门，现存的部分可能是内郭。《骊山记》中还有“自南登之，二邱并峙，人曰此南门也。右门石枢，犹露土中”的说法，由此可知，陵墓的南面应该有二邱并峙为双阙。《西京杂记》中有“五柞宫树下，石麒麟二枚……头高一丈三尺”的记载，可见，双阙外曾放置过麒麟等石兽。

《临潼县志》引《汉旧仪》中收录的受始皇之命修筑陵墓的丞相李斯所写的奏言，称：“臣将隶徒七十二万人，治骊山者已深已极，凿之不入，烧之不然，叩之空空然，如下天状。”从中足以看出，始皇陵的规模盛大，修筑艰辛。《汉书·刘向传》载：“石椁为游馆”；而《水经注》则称：“以铜为椁……关东盗贼，销椁取铜。”因此，可能用的是铜椁。关于墓室内部，《史记·本纪》曰：“以水银为百川江河大海，机相灌输。上具天文，下具地理，以人鱼膏为烛，度不

灭者久之。”《汉书·刘向传》称：“人鱼膏为灯烛，水银为江海，黄金为凫雁。”《三辅故事》记：“以明珠为日月，鱼膏为烛脂，金银为凫雁，金蚕三十箱。”《山陵杂记》载：“刻玉石为松柏，以明月珠为日月。”由此可知，其制作极尽奇巧，宏伟瑰丽。宫观百官、奇器珍宝充满其中，项羽以三十万人，运物三十日，未能穷之。由此证明，其内部所藏宝物不计其数。据说，齐桓公的墓中有水银池，其内藏有金蚕数千箱，珠襦玉匣、绘彩军器无数件。由此可见，这种厚葬，从战国时代已经开始流行，至秦始皇时代更是登峰造极。又令工匠制作机弩矢，射杀靠近陵墓之人，之后又将是等工匠全部关在墓中，以防机密外泄。从诸如此类的作为可知，其墓内所藏有多么的丰富，也显出其对后人掘墓的担心。(图83)(关野贞文)

图83·秦始皇陵

陕西鄠县

草堂寺

草堂寺位于西安府城西南八十里，属鄠县，地处终南山北麓，在百塔寺西五十里处，乃唐圭峰宗密禅师之住所，是姚秦罗什译经的地方。

罗什译经处的地方不止一处。据《高僧传》及《出三藏记集》载，罗什在大寺及逍遥园译经。二者都在长安城内，至少应该离城不远。敦煌写经中有京地清发道场沙门宝达集的《金刚暎》，乃《金刚经》的注释。注中称，罗什的大寺为草堂寺，后改称安定国寺，寺西乃大寺。这是以大寺为草堂寺的说法，由此可知，昔日，草堂寺在城内。又宋敏求的《长安志》卷五载：姚兴常于逍遥园引诸沙门听番僧鸠摩罗什演讲佛经，起逍遥宫。并载：北齐高欢帝入长安，以雍州公廨为宫居之，宴侍臣曰："此处仿佛逍遥园也"。此说法把罗什的译经处定位在长安城附近。杨守敬的两秦疆域图，把逍遥园置于长安以西渭河南岸，距长安城不过数里之遥。虽然是根据想象画出来的，但比较接近真实。北魏孝文帝于太和二十一年（497）下诏在罗什旧堂建三级浮图，这大概是逍遥园的故址。

时至唐末，昭宗敕命在罗什的译经处重建草堂寺，《佛祖统纪》第四十二卷中可见相关记载。这个草堂寺位于相隔遥远的南山北麓，乃圭峰宗密的住所。由此可知，在唐昭宗时代，终南山的草堂寺就被称作罗什译经处。

昭宗重建草堂寺是在乾宁三年（896），即宗密示寂五十余年之后，因此，足以推知，在宗密当时还没有草堂寺。草堂寺所处地点在鄠县东南三十或四十里，长安城西南八十里处。从《金石萃编》卷一百四十、一百四十一中宋人记载的草堂寺题名来看，此寺或作草堂寺，或作逍遥寺，或作栖禅寺，或作草堂逍遥寺，或作逍遥禅寺。至此，宗密的住所更是被当作罗什译经处的逍遥寺，此后的人对此深信不疑。明万历年间的《石墨镌华》载：

> 高观谷之西，则草堂寺也。秦姚兴迎鸠摩罗什，译经于此。原名逍遥园。唐僧宗密居之，为草堂寺。今名栖禅寺。有鸠摩罗什葬舍利石塔，精殊甚。宋人作亭覆之，今犹在。……殿后有圭峰定慧禅师碑。

王昶在《金石萃编》中说："逍遥寺在长安县西南三十里甫张村。《陕西通志》云，创时碑志无故，据此题，则宋时已之矣。"该著者还说："圭峰碑在西安府西南八十里草堂寺后。"两种说法非常矛盾，很难认为指的是同一个地点。如是，令人觉得除草堂寺以外还有另一个逍遥寺的存在。而且，前面提到的罗什寺，如果以古逍遥园充当，就得再增加一个逍遥寺。此外，乾隆《长安府志》中有"大安寺（贾志）在鲍坡里，去城二十里，晋鸠摩罗什译经此寺"的说法，与前面的草堂寺和逍遥寺都不相同，这或许是罗什当时的大寺。时代的变迁使如此著名的故址也变得不明了。（常盘大定 文）

唐圭峰禅师传法碑

圭峰禅师碑在草堂寺后，题曰"唐故圭峰定慧禅师传法碑并序"，裴休撰文并书。裴休与圭峰都师从华严的澄观，因此，碑文中说："休与大师，于法为昆仲，于义为交友，于恩为善知识，于教为内外护。故得详而叙之，他人则不详。"碑文由关系如此亲密的裴休来写，其内容价值大增。该碑为大中九年（855）所建。

圭峰禅师，名宗密，先受南禅，后学华严。碑文先说禅宗当时有牛头宗、北宗、南宗三派，进而又说南宗有菏泽宗和江西宗两派之分。而作为南宗的一大派系，还有青原宗，但因当时尚未盛行，文中没有言及。在这些宗派中，圭峰属于菏泽宗，其传灯顺序为：慧能，菏泽神会，磁州如，荆南张，遂州圆，圭峰密。

至圭峰成道，谒见荆南张，闻听"汝传教人也，当盛于帝都"便师从京都华严的澄观，潜心讲论，从圆觉、华严、涅槃、金刚、起信、唯识等经论，到法义类例、礼赞修证、图传纂略、诸宗禅藏等，一代著述达九十余卷。于是有人议论说："不守禅行而广讲经论，游名邑大都以兴建为务。乃为多闻之所役乎？岂声利之所未忘乎？"裴休极力为其辩解，认为心证与万行不可分离。太和二年（828）被召上朝说法，获赐紫之荣，加封"大德"号。归山后，会昌元年（841）在兴福塔院圆寂，葬于圭峰，追谥"定慧禅师"。

此碑文为禅宗史带来了不少光明。在菏泽神会到洛阳之前，北宗之隆盛压过南宗，但菏泽受传暗示着北宗将被南宗压倒。也就是说，普寂虽然在开元年间取得北宗第七祖的位置，但至贞观年间，菏泽奉敕成为南宗第七祖，这正是南北两宗消长之分界之处。（图 84）（常盘大定 文）

图 84 · 草堂寺 · 唐圭峰禅师传法碑 · 拓本

罗什寺

乾隆《鄠县新志》说罗什寺在鄠县南一里处。该书还说：在县北十五里的凿齿村置道安寺，在县南八里的罗什堡置罗什寺。寺与罗什之间的关系不明，而且，寺院的创建及变迁也无从知晓。普遍认为，罗什译经处就是草堂寺，位于终南山的北麓，在鄠县东南三十里处。（常盘大定 文）

罗什寺曾收藏释迦三尊像。佛像趺坐于二重台座之上，后有圭形背光，左右刻胁侍菩萨立像。其样式类似于北魏与西魏之间的作品。释迦如来像姿势优美整然，面相丰满圆润，衣纹线条稳雅，衣襟遮蔽台座，皱襞曲线劲健，充分显示出南北朝式的特质。左右两菩萨也是简朴中隐含幽雅。背光上刻有莲花及忍冬纹，但顶部缺失。上层台座的左右雕刻有古朴的狮子，下层台座的中央阳刻有香炉，左右阳刻有供养僧。（图 85）（关野贞 文）

图 85 · 罗什寺 · 释迦三尊像石刻

陕西鄜县 FUXIAN COUNTY OF SHAANXI PROVINCE

陕西三原 SANYUAN COUNTY OF SHAANXI PROVINCE

陕西泾阳 JINGYANG COUNTY OF SHAANXI PROVINCE

陕西澄城 CHENGCHENG COUNTY OF SHAANXI PROVINCE

XI'AN CITY OF SHAANXI PROVINCE

TONGGUAN COUNTY OF SHAANXI PROVINCE
HUAYIN CITY OF SHAANXI PROVINCE
LINTONG DISTRICT, XI'AN CITY OF SHAANXI PROVINCE
HUXIAN COUNTY OF SHAANXI PROVINCE

FUXIAN COUNTY OF SHAANXI PROVINCE
SANYUAN COUNTY OF SHAANXI PROVINCE
JINGYANG COUNTY OF SHAANXI PROVINCE
CHENGCHENG COUNTY OF SHAANXI PROVINCE

CHANGWU COUNTY OF SHAANXI PROVINCE
LIQUAN COUNTY OF SHAANXI PROVINCE
XIANYANG CITY OF SHAANXI PROVINCE
QIANZHOU COUNTY OF SHAANXI PROVINCE

陕西鄜县

石泓寺石窟

鄜县位于西安市北部，地处陕西、甘肃两省之间，因此，可称之为边陲。县内有石泓寺，乃一石窟。明治年间（1869—1911）前往探访的早崎梗吉对其拍摄并长期珍藏。笔者手中有从他那里要来的照片，决定添加于本书中。如下记，无论是雍正年间（1723—1736）的《陕西通志》，还是道光年间（1821—1851）的《鄜县志》，都称建造年代不明，一个称其“鬼斧神工”，一个赞其“工巧之极”。因没有实地考察，不能妄加断言，但其建造年代应该不会追溯到唐代。文中有“明万历七年（1579）修”的说法，很显然，后世进行过重修。

雍正十三年（1735）刘于义、史贻直等奉敕纂修的《陕西通志》卷十九“石泓寺”中有如下记载：

在州西一百三十里，石山如砌，凿门而入为佛殿。大佛三尊，四面小佛尺许者不知几百千，凡龛楹柱之间，无处非佛，皆连山为一块石。工巧之极，然未知何代创建(州志)。明万历七年(1579)修(州册)。

关于石泓寺，清道光十四年（1834）吴鸣捷、谭瑀等编纂的《重修鄜州志》卷二中有如下记载：

在州西一百三十里，石山壁立，凿门成洞。大佛三，其四面小佛，尺许者不知其数。凡龛楹柱，无处非佛。连山一石，曲折镌刻，鬼斧神工，莫可端倪。亦不知创自何代矣。

以上两志的记载几乎相同。安置大佛三尊的佛殿就是图81中的殿堂。所谓的三尊就是指左右有两胁侍罗汉的，位于殿堂正中的释迦牟尼像以及其左右两壁中央安置的二尊佛像。这三尊的建造年代与石窟的年代不同，恐怕晚于石窟。佛龛的楹柱之间无处不刻佛。尺许小佛成百上千不知其数的说法，通过图片可以确认。这些小佛后世被涂彩，尤其是顶棚的模样被涂抹得难辨原形。正面的左方入口处的右壁上雕刻有上中二段菩萨，尤其是中段的观音菩萨，其模样姿态韵味十足。其他的小佛，如果除去加塑和付彩，应该也可以看到其精美的原貌。然而，关于其创作年代众说纷纭，现在暂且判断为是唐代。

图 87–1 的佛像，似乎没有过多付彩，尚存唐代的影子。肉髻虽为六朝的风格，但其面部丰满并刻有颈纹，这一点则是唐代的风格。衣纹的手法低级拙劣，可能出自当地工匠之手。图 87–3 的菩萨像与佛像相比，其制作年代可能靠后。果然如此的话，即使石窟成于唐代，其中也一定加有后雕的像。

图 87–2 的菩萨像，手法也显拙劣。身材矮小，有失权衡。（常盘大定 文）

图 86 · 石泓寺石窟 · 内部

图87-1 · 石泓寺石窟 · 佛像

图 87-2・石泓寺石窟・菩萨立像

图 87-3 · 石泓寺石窟 · 菩萨像

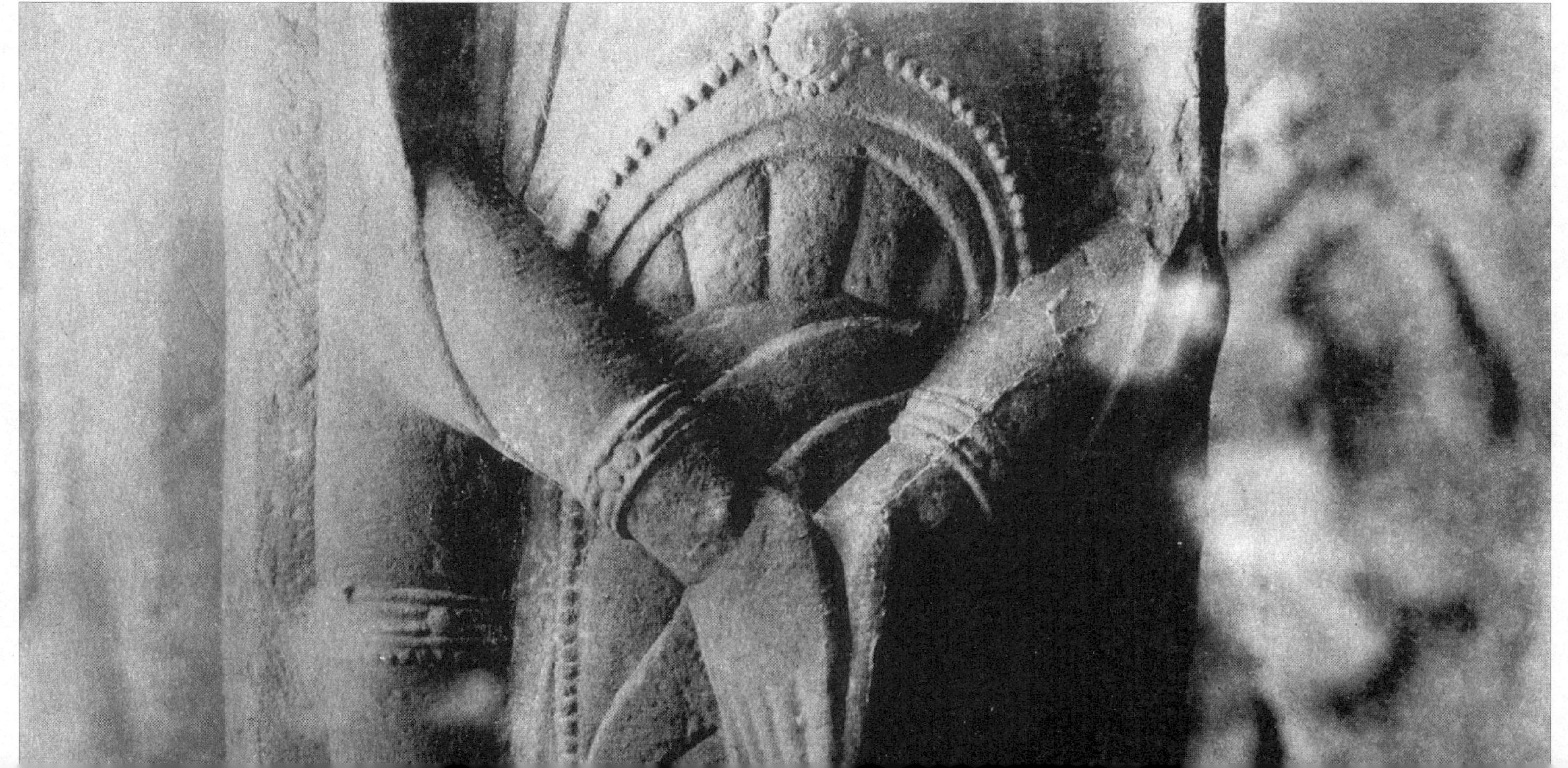

柏山寺砖塔

雍正十三年（1735）刘于义、史贻直等奉敕纂修的《陕西通志》卷十九“柏山寺”条下载：

在州西九十五里的直罗镇。碑识，唐武德二年(619)秦王世民征虏，息兵黄罗寺。因疸发背，王向佛启愿。夜，梦金人敷药，大愈。洎登位，迺改黄罗为安乐，移西岩上，建殿与塔，即今处也。开元十二年(724)，车驾征北至此，前锋告捷，因改安定。宋景德元年(1004)，僧齐信重修，仍名安乐。后以其山多柏，因以柏山名。壁间有唐太宗像。相传，千有余年，至今不坏。(州志)

清道光十四年（1834）由吴鸣捷、谭瑀等编纂的《重修鄜州志》卷二中关于柏山寺有如下记载：

柏山寺在州西九十里的重罗镇西北。满山皆柏，寺在柏间，因以名也。古塔耸出，殿阁亦若隐若现。现碑载：

唐太宗为秦王时，出征突厥，次直罗县，病疸，梦金人敷药，愈后遣使建寺，壁间绘太宗像。相传，千余年，壁与画常不坏。按：洪武、永乐碑不言遗像，嘉靖碑始云。恐后人为之。

以上两志都把唐太宗与塔的建立联系起来，从塔的形制与西安城外大慈恩寺的大雁塔颇为相似这一点来看，这种观点应该是正确的。塔高九层，除初层外，第二层以上，四面皆开有半圆拱窗，窗的左右有柱，一面三间。无拱窗的两间，饰卧棂窗。无卧棂窗的塔层可能是经过重修的。各层的檐，砖次第外出，成内弯形轮廓，檐盖也以砖筑成阶梯状。第二层以上，大小和高度递减，外观稳固。唯有第五层的檐与众不同，有二踩斗拱。塔顶的露盘上只残留三个相轮，上部缺失。(图 88)(常盘大定 文)

图 88 · 柏山寺 · 九层砖塔

陕西三原

文庙

乾隆癸卯年（1783）修刊《三原县志》卷二对文庙有如下记载：旧志称在县治右。元大德十年（1306），邑人张德明出财度地创建于此。王承裕在《庙学辟路记》中谓之“希夷道院”。创建时，县尹真定的郭真始构大成殿三楹，后有长安的王天民增建戟门五楹、东西庑各九楹。至正十年（1350），县尹李诚重修。庆阳教授安孟龄有记。至正二十八年（1368），河南行省左亟陈思道、承平章、邓国公张某檄文，保障是邑，慨庙学之敝，己首发廪，以继学租。邑士庶各推所有，以给其用。数月落成，行御史台董立撰文立碑。明洪熙元年（1425），知县宋麟、县丞樊用等出资重修。训导王拱作记。成化十二年（1476），知县李景繁以宫墙未合制度改建大成殿五楹，上施琉璃脊兽，四垂翠瓦。两庑十余楹，棂星戟门皆三楹，规模较前宏敞，提学伍福有记。正德十二年（1517），知县郑本公复加修葺。有吕楠文、马理书之碑记。本朝康熙二十一年（1682），知县叶章期捐资重修，提学叶映榴书碑。三十四年（1695），知县俞琏再为葺治。四十六年（1707），西安通判张晟权知邑事，捐俸增修。雍正三年（1725）知县吕瑚，乾隆元年（1736）知县李昌宗，续为修补。岁久就圮。乾隆三十二年（1767），知县张象魏拆旧更新，增两庑九楹为三门正殿。泮池环以石栏，唯棂星门未尽合制。云云（图 89-1）（常盘大定 文）

图 89-1 · 文庙 · 大成殿

大元加封圣号碑

至正六年（1346）建，充分效仿唐制，但终只是唐碑的余流，一味墨守成规，缺乏独创性。碑侧的意匠被简化，没有唐代的华丽雕饰。（图 89-2）（关野贞 文）

图 89-2・文庙・大元加封圣号碑

陕西泾阳

惠果寺

惠果寺在陕西省泾阳县城内，寺史不详。今（1906）已荒废，其佛殿应该是明代的建筑，但一半颓破，现为警务巡局的办公地。其余的堂宇悉归乌有，仅存石佛一躯、石幢两基。此外还有明代铁钟两口，其一倒地，另一口掩埋地中，只露出上半部。

石佛

面相略显丰圆。经过后世的修补，其美貌有所损毁。身体权衡欠佳，右手举至胸旁，左手牵着衣端。衣纹修直劲健，雕穿浅显，衣端皱襞流丽，与台座莲瓣的手法同为南北朝式。台座上阴刻供养者像及姓名。(图 90-1、图 90-2)

图 90-1 · 惠果寺 · 石佛

图 90-2 · 惠果寺 · 石佛 · 一部分

石幢二基

两石幢在佛殿后方，立于东西两侧。西幢高约十尺，正书《佛顶尊胜陀罗尼经》，无年号和铭文。从其形式来看，属于唐代优秀之作。幢身为八角形，较长，其上有中台石，也是八角形，隅角均刻兽面，四面饰四天王，各面饰垂帐璎珞，下方阳刻天人飞云，上方为涌云状，以承盖石。盖石也为八角形，隅角也刻有怪兽，下方有天人像，顶部安置宝珠。这可能是唐代经幢中保存较为完整的一例。

东幢保存不完整，高约八尺五寸，身为八角形，正书《佛顶尊胜陀罗尼经序》及经文。有“仪凤元年”（676）、“永淳二年”（683）、“永昌元年”（689）等文字。该经幢的制作年代，从其表现形式和手法来看，不会晚于初唐。中台石为方形，四面雕刻城郭，中央作城门及一些人物和马像，很有意思。其上有盖石，周围刻着丰美的莲花。盖石上又置石台，上刻城郭环绕的菩提树（?），估计是后世把盖石和台石的位置弄颠倒了。盖顶的宝珠已佚失。（图 91-1、图 91-2、图 91-3、图 91-4）（关野贞 文）

图 91-1 · 惠果寺 · 石幢

图 91-2・惠果寺・石幢・一部分

图 91-3・惠果寺・石幢

图 91-4 · 惠果寺 · 石幢 · 一部分

南石窟寺碑

寺碑文中记有"厥泾阳简兹名埠"，还有建造者是"泾□□刺史"，由此可知南石窟寺位于陕西泾阳。该寺建于大魏永平三年（510），寺主僧斌之名被特地刻在题字上方。此拓本未录入金石书中，应是新出土的文物。文字为隶体，古拙中含可掬之妙味。因泐剥严重，文意难通，甚感遗憾。文中以"道气笼三才，至德盖五常"的对偶句颂赞的皇帝陛下就是洛阳的宣武帝。当时，龙门石窟正在如火如荼地开凿中。

（图92）（常盘大定 文）

图 92・南石窟寺碑・拓本

唐德宗崇陵

唐德宗崇陵建在泾阳县北一座名嵯峨山的山上。(图93-1)与高宗的乾陵相比，虽然出自同一建制，但规模较小。其上的石人、石兽等，制作技艺略微逊色。从山脚到山上，首先是一对华表在辟山梁而成的平地上左右并立，(图93-3)接着有石龙马(图93-4)，然后是石天鹅，(图93-2)其后曾有石仗马五对，但如今无一留存。接着有石人十对(图94-1、图94-2)、碑座一基，其后是化作土堆的双阙遗址，接着是石狮(图95-1、图95-2)。在其遥远的前方应该就是坟墓了，但不知何故，现已不见其踪迹。该陵也是唐代陵墓建制体现得比较充分的一个例子。(关野贞 文)

唐德宗崇陵平面图(据足立喜六氏原图)

圖面平陵崇宗德唐

(圖原氏六喜立足)

獻殿趾

石碑

礎石

石獅

門趾

石人

石馬

石鵝

石馬

石柱

門趾

0 20 100 200尺

图 93-1 · 唐德宗崇陵 · 前景

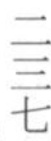

图 93-2・唐德宗崇陵・石天鹅

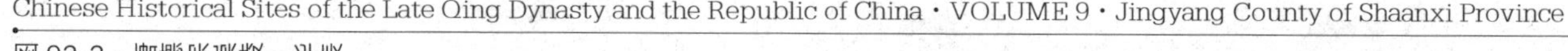

图 93-3 · 唐德宗崇陵 · 华表

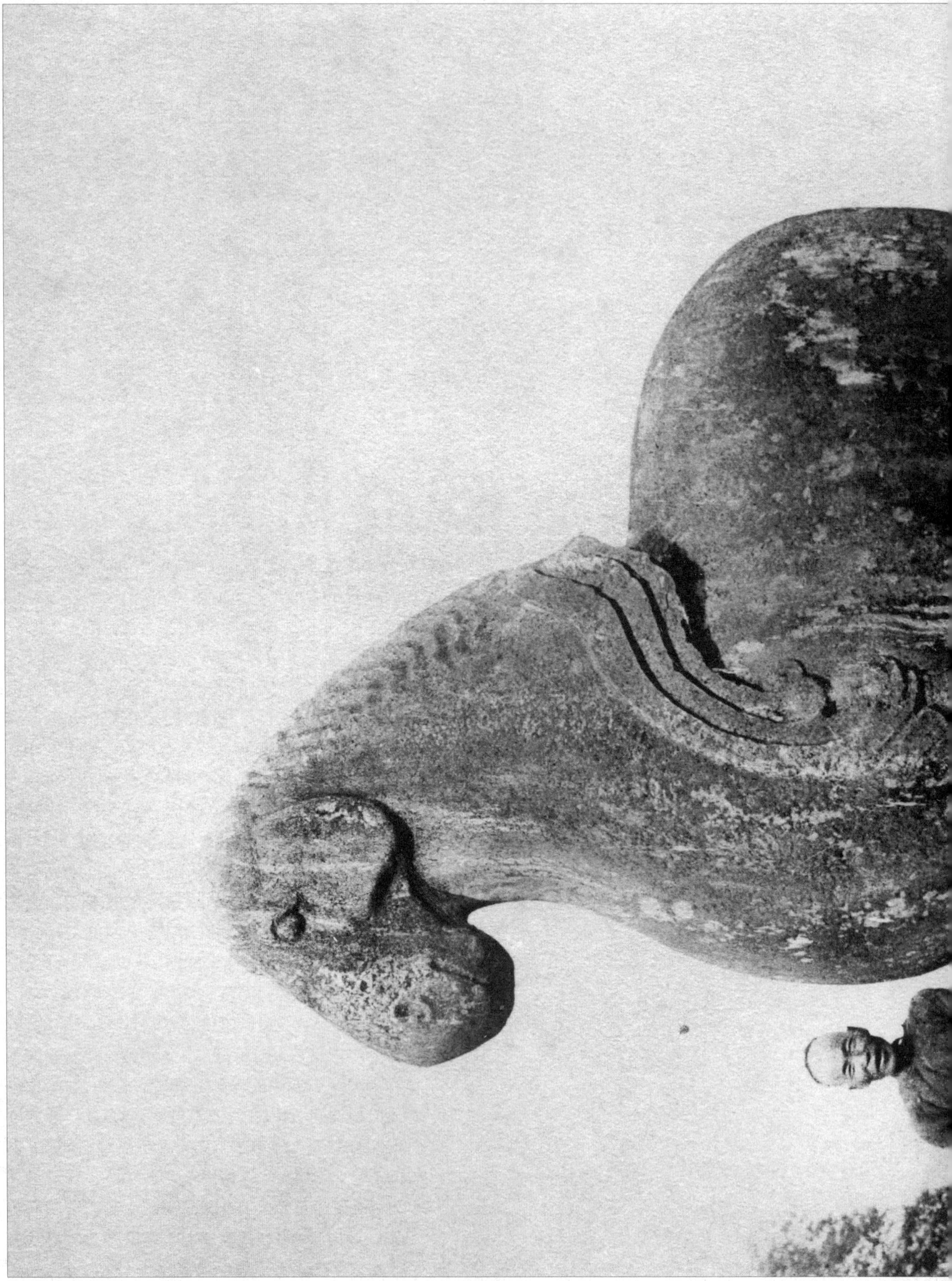

图 93-4 · 唐德宗崇陵 · 石龙马

图 94-1 · 唐德宗崇陵 · 文石

图 94-2 · 唐德宗崇陵 · 武石

图 95-1 · 唐德宗崇陵 · 石狮

图 95-2 · 唐德宗崇陵 · 石狮

陕西澄城

晖福寺碑

晖福寺位于陕西澄城县北的北寺村。由散骑常侍安西将军吏部内行尚书宕昌公王庆建于北魏太和十二年（488）岁在戊辰七月己卯朔一日。铭中载：

“曾是晖福，庆崇皇居，爰建灵寺，妙契天规。”文中称：“为二圣，造三级浮屠各一区。”又说：“爰自经始，三载而就，崇基重构，层栏叠起，法堂禅室，通阁连晖。”由此得知，王庆为皇帝及太皇太后二圣修建以两座三级佛塔为中心的法堂和禅室，历时三年建成，命名“晖福寺”。关于建寺地点，文中有“面修献而带洛川，佩黄河而负龙门”的说法，这是河西同州的澄城，而非洛阳。碑文在起首处说：

夫玄宗幽寂，非名相之所诠。至韵冲莫，非称谓之所摄。妙绝称谓，微言以之载扬。体非名相，图像以之而应。群有殊致，道以经焉。万流竞津，法以纪焉。

以哲理说明堂塔建置的意义，接着又说：“世道交丧，灵烛潜晖。攸攸群梦，靡照靡矜。”毫无疑问，这是对道武帝废佛使精神文明遭到破坏而发表的感慨。晖福寺作为北魏废佛后不久建立的寺院，其历史背景极为丰富。此碑文未登载于金石书中。（图96）（常盘大定 文）

图96·晖福寺碑·拓本

陕西长武 CHANGWU COUNTY OF SHAANXI PROVINCE

陕西醴泉 LIQUAN COUNTY OF SHAANXI PROVINCE

陕西咸阳 XIANYANG CITY OF SHAANXI PROVINCE

陕西乾州 QIANZHOU COUNTY OF SHAANXI PROVINCE

陕西长武

豳州昭仁寺碑

昭仁寺在今邠州长武县，建于唐太宗兴义军破薛举之战地，以表怨亲平等之佛教精神，乃贞观四年（630）建于战场上的七寺之一。寺碑由谏议大夫朱子奢撰文，但书者名无记载。有人推测是虞世南，也有人推测是王知敬。

碑文至最后言及佛教，阐述不依佛教则不可闻真理之意，曰：“未辩西方之圣，莫知东被之法。求

真之理，我则未闻。”阐述不闻真理之人生毕竟不过是苦海之意，曰：“莫不同陟耶山，俱沉业浪。生死无际，苦集相因。”阐述只有信奉佛教武功才能全其功之意，曰：“今我所以仰胜缘于十号，纪武功于七德。真俗二谛，兼而用之。”接着，在阐述太宗降生正是为了拯救生民之意时说：“皇上昔居因地弘誓力。应迹忍土，荷负群生。”而且首次言及豳州之战，说：“东戡西翦，南征北怨。旄钺所次，酣战兹邦。君轻散千金之赏，士重酬九死之命。莫不竞凌锋镝，争赴水火。”在阐述为纪念阵亡将士而建立该寺之意时说：“依于战地，爰构神居。变秽土于宝城，开莲花于火宅。高烽罢昭，慈灯载朗。戴旌辍警，胜幡斯立。拔无明于棘林，导焦热于渴井。尽诸有结，永除苦际。”最后说：“上忍所被旃檀与利刃兼忘。大慈所覃，怨贼将义夫齐指。俱润法雨，同乘大辕。回向菩提，无上平等。”使佛教精神惠及彼我，彻底实现怨亲平等。显而易见，佛教的这种伟大精神乃该寺创建之基础。

（图 97）（常盘大定 文）

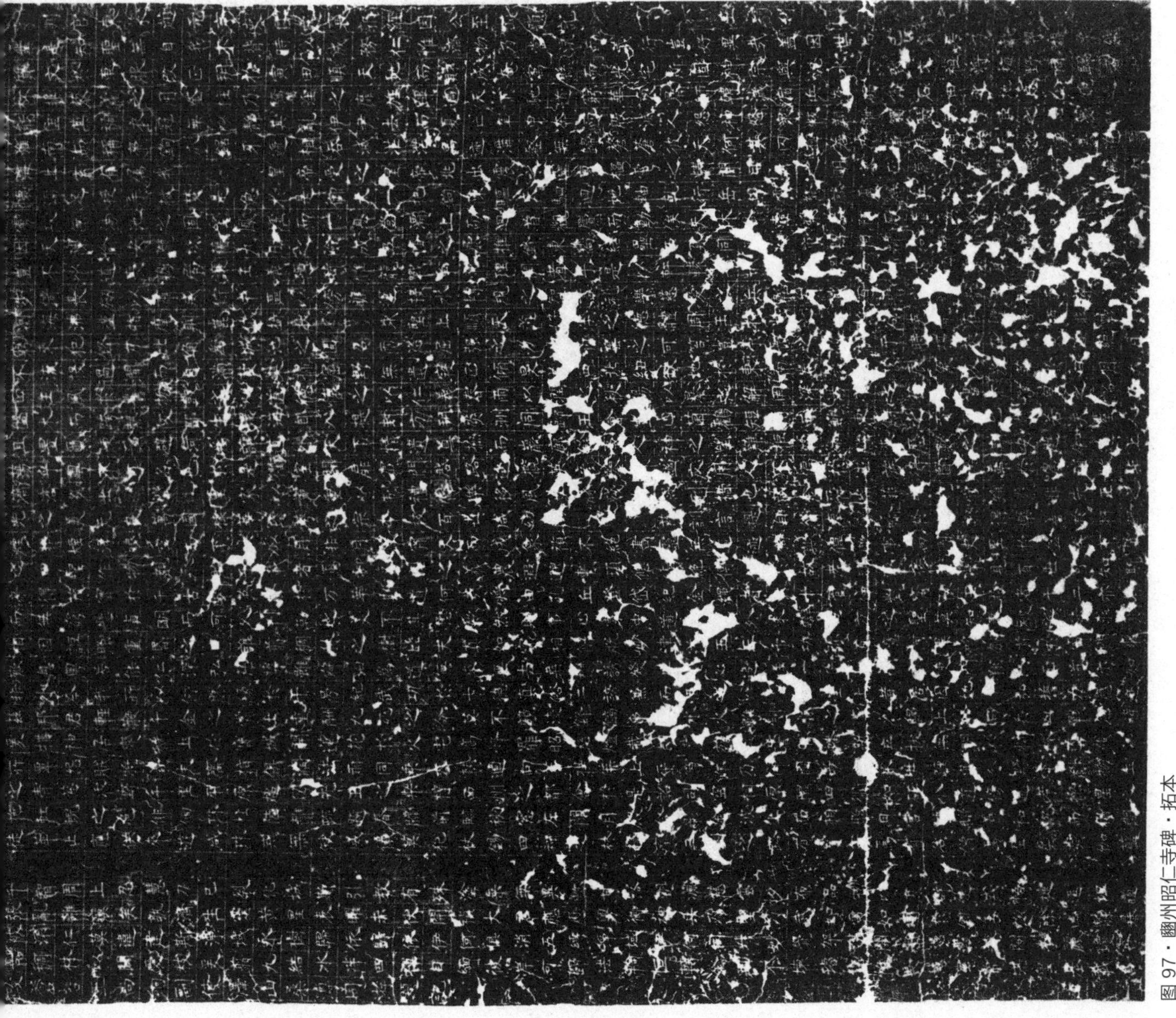

图 97 · 豳州昭仁寺碑 · 拓本

陕西醴泉

石鼓

石鼓在陕西省醴泉县石鼓赵镇。上部为鼓形，周长十六尺二寸八分。圆筒状，周围虽刻有铭文，但漫漶难辨。其下以九茎莲花衬托文字，其间高肉雕菩萨立像六躯、地藏像（?）二躯。另一面当初应该有雕像，但现已散失。此等雕像，技巧之秀丽，胜过宝庆寺的石刻。可惜的是头部悉数丢失。该石鼓可能是唐初的杰作，通高七尺一分。（图98-1、图98-2）（关野贞 文）

图98-1·石鼓

图 98-2・石鼓・一部分

唐太宗昭陵

在中国，自秦汉以来厚葬之风大为盛行，陵墓的设施也随之发达起来。尤其至后汉，其风最甚，墓前立石人、石兽、石碑和石阙等，建制完备。至三国以后出现衰微迹象，但北魏至唐代再度兴盛，唐代最为发达，并制定了后世建墓的标准。唐高祖的陵墓依汉光武帝原陵的制度而建，但至太宗时，唐代特有的陵墓建制发展起来，尤其至高宗时，其设施更显完备。贞观十年（636）文德皇后驾崩时，没有遵照其遗言起坟，而是将她葬于九嵕山上。第二年的贞观十一年（637），太宗下诏，允许在这座山的周围附近为诸王、公主及辅佐王命的功臣建墓，并赐予墓地以及墓中随葬的种种明器。进而太宗计划在九嵕山上营造寿陵。九嵕山是一座高约五千尺的险峻山脉，南面为断崖，北面坡度舒缓。断崖上架栈桥，壁面凿羡道，造元宫，其内放棺木。栈道长二百三十步，元宫进深七十五尺，可想其工程之困难。贞观十三年（639）竣工，后先将文德皇后安葬于此。太宗驾崩后，又在此安葬了太宗的遗骸。事后拆去栈道，后世不能轻易接近。(图 99-1、图 99-2)

太宗更于山顶附近建造寝殿（即寝宫），在寝宫前面有其六头爱马的浮雕。太宗亲自作铭，并请欧阳询书之，刻于石上。在寝宫的北门，即被称为元武门的门前，并立诸蕃酋十四人的石像。诸蕃酋中，有于阗、龟兹、高昌、新罗、突厥、吐谷浑、林邑等君主。

唐太宗昭陵平面圖

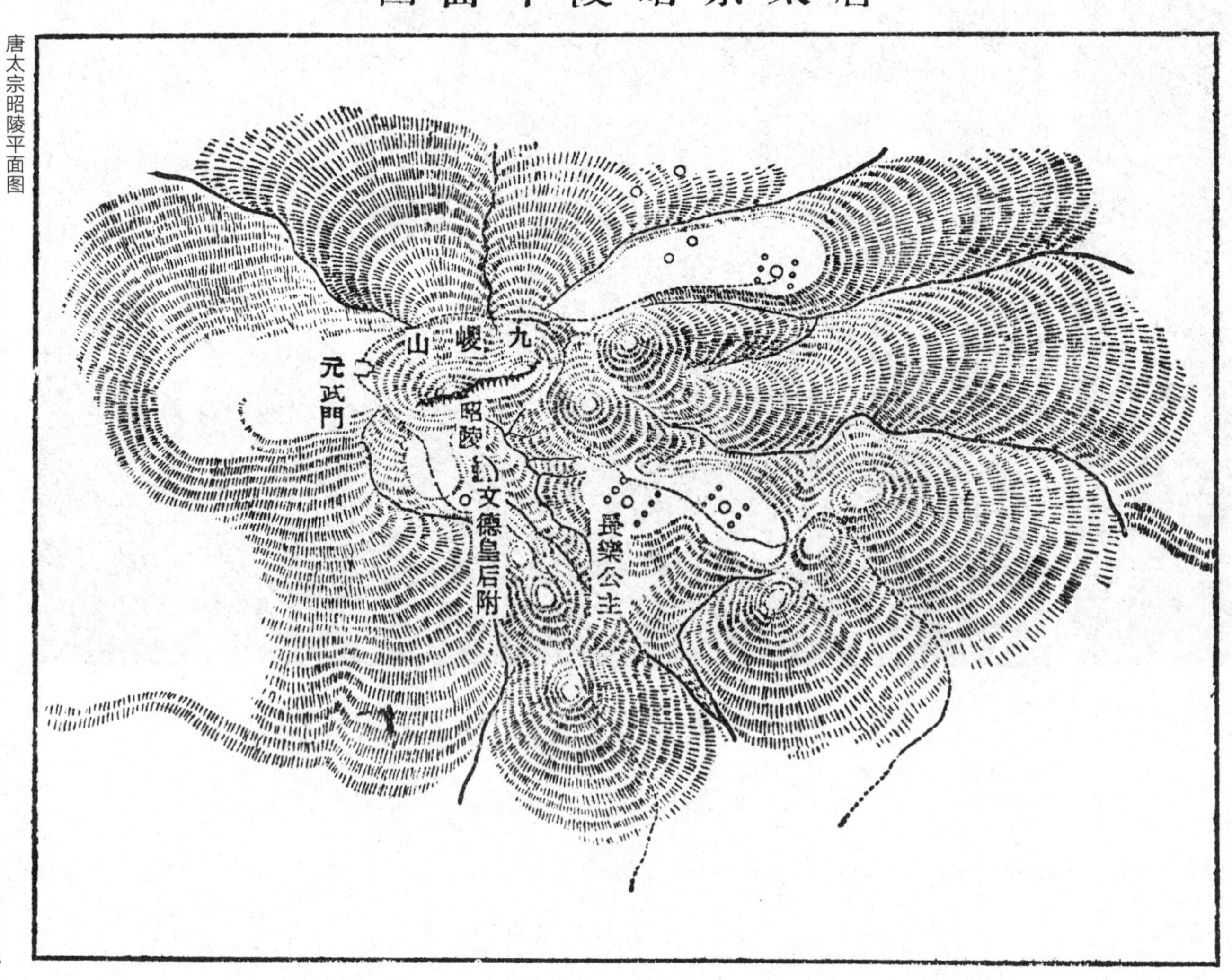

唐太宗昭陵平面图

唐太宗昭陵陪冢配置圖

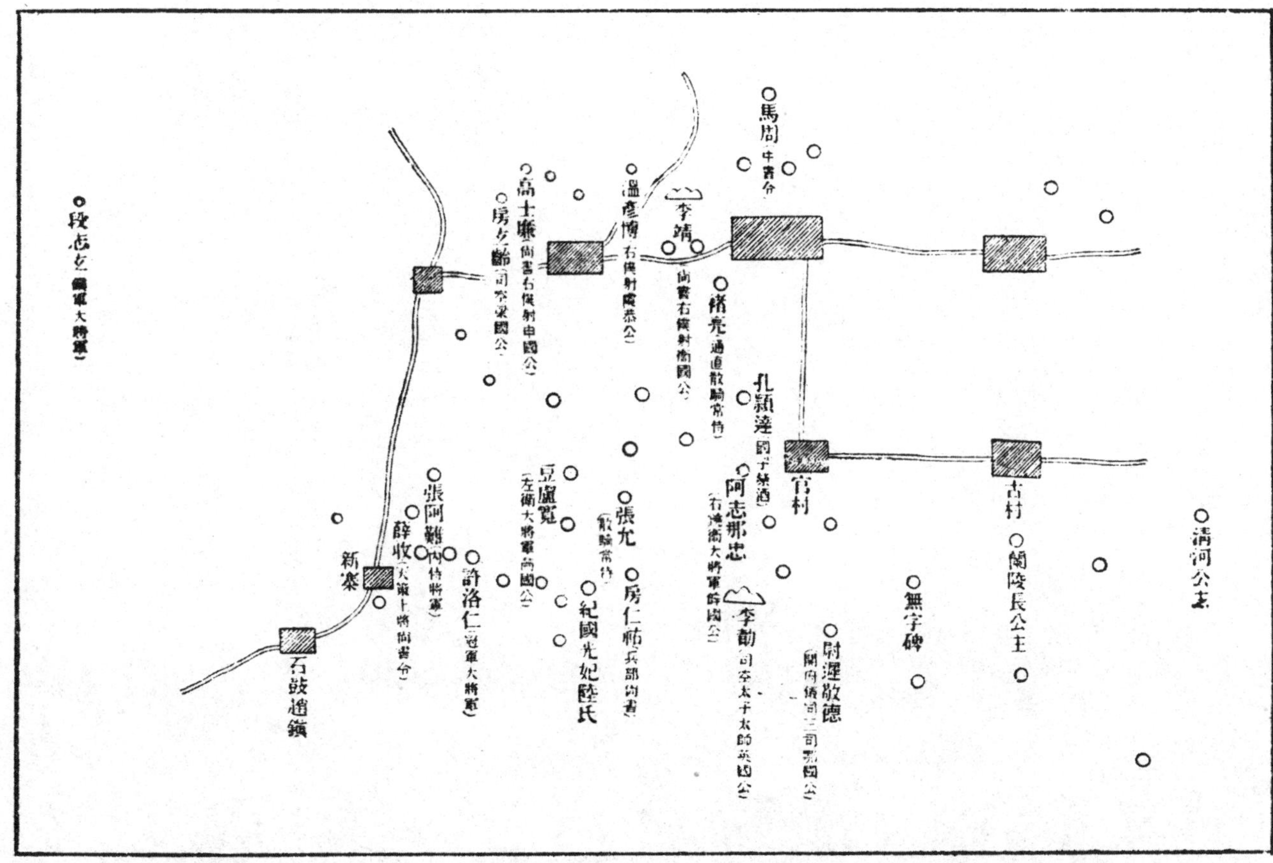

太宗更以此山为中心，从山上至山下，允许诸王、公主、诸功臣陪葬。

自太宗在九嵕山建造陵墓之后，代代的陵墓都营造在山上。其西侧的武将山上有肃宗的建陵，再往西有高宗的乾陵；其东侧的嵯峨山上有德宗的崇陵，再往东有敬宗的庄陵、武宗的端陵。从唐长安（今西安市）到九嵕山直线距离约十二三里，天气晴朗时，所有陵墓一览无余。据传，太宗在九嵕山安葬文德皇后之后，在宫中修建墓陵台，时常登台眺望九嵕山。渭河流经西安市北部，渭河之北有毕原。周汉时期筑陵墓于原上，而唐代，则把陵墓营造在更北边的山上。（关野贞 文）

笔者 1906 年来此地探访，恰逢大谷光瑞伯爵在这一带做调查，因此调查止于大致的山形和分散在山麓的陪葬墓的配置状况。九嵕山的山顶，南方为绝壁，元宫就建在绝壁之上。偏西北方近山顶处有元武门，山上有很多陪葬墓，长乐公主墓坐落其间，而其他的墓则不知其主人是谁。山下二里地之内，无数陪葬墓星罗棋布。据宋绍圣元年（1094）游师雄的昭陵圆记碑称，有诸王七人、公主二十一人、妃嫔八人、宰相十三人、丞郎及三品五十三人、功臣和大将军六十四人，共计一百六十六人的陪葬墓。这些陪葬墓前分别建立石碑，打造石羊、石狮等，不过，其中的大部分已不知去向。据笔者调查，石碑共有三十通左右，其中包括温彦博、房玄龄、李勣、李靖、孔颖达、张允、段志玄、兰陵长公主、清河公主等墓碑。还有一些墓，因石碑消失，不知其主人姓名。

昭陵的元武门，上部的楼观消失不见，砖筑楼台部分坍塌。楼台开拱门三道，进门后，有一条砖道通向一高台，上有寝殿遗址。（图 99-3）再往前的左右两侧有东西庑，两庑的墙上各镶嵌骏马刻石三屏。

陪葬墓多为圆形土包，当时有规定：高度在三至四丈之间，但李勣和李靖的墓，形状特别，雄伟壮观。（关野贞 文）

图 99-1 · 九嵕山 · 远景

图 99-2・九嵕山・全景

图 99-3・唐太宗昭陵・元武门及寝殿遗址

六骏碑

在昭陵的一处高地上有寝殿遗址，其前方左右有东西庑，两庑的墙上有六骏浮雕，左右各镶嵌三屏。其中最重要的是西庑第一屏的骏马飒露紫，这是太宗平定东都时驾御的骏马。在这匹马中箭时，一个名叫丘行恭的人帮太宗拔出了利箭，还让出了自己的马给太宗，并驱散敌寇凯旋。为了让丘行恭的功绩流传后世，便把他从飒露紫的胸膛拔出箭来的情景用浮雕表现出来。骏马的骨骼及姿势刻画精美，马鞍、辔头以及其他马具也充分地展现了当时的式样。此外，丘行恭身上的服装、弓箭、刀剑等的形式也很写实，惟妙惟肖。(图100)可惜的是，六骏中最优秀的两骏已经被美国费城宾夕法尼亚大学博物馆拿走。据说，马的座石上原本刻着马赞，但宋代欧阳询书的马赞却不知去向，高宗时镌刻的殷仲容铭如今也不见踪迹。元武门前开阔宽敞，感觉曾有诸蕃酋石像立在这里，但如今眼前空无一物。(关野贞 文)

图 100・唐太宗昭陵・六骏碑之一（飒露紫）

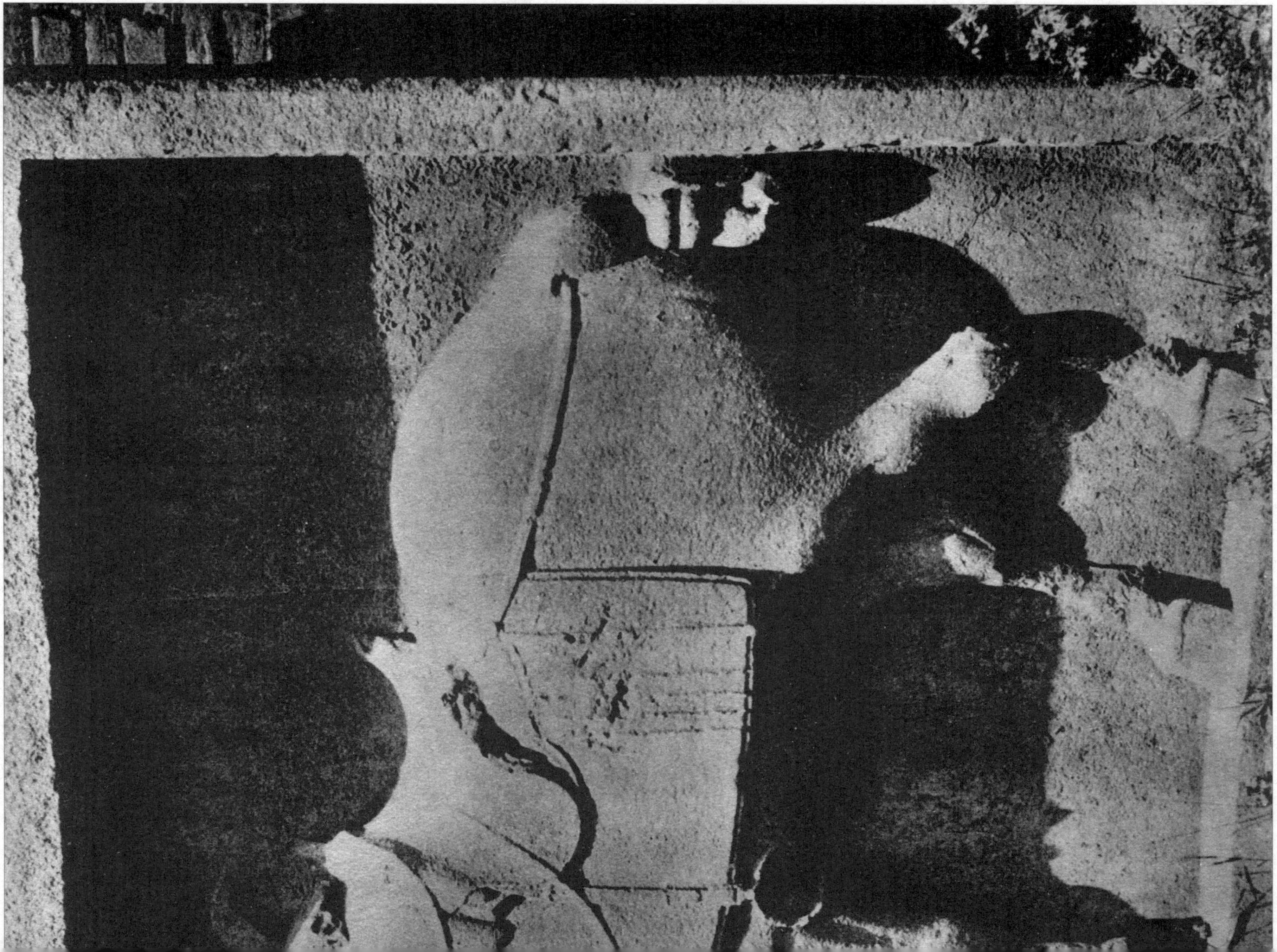

图 101-1・唐太宗昭陵・六骏碑之一（拳毛騧）

图 101-2 · 唐太宗昭陵 · 石狮

唐梁文昭公房玄龄碑

该碑立于唐太宗昭陵陪葬墓房玄龄之墓的前面。螭首采用的是初唐时已经成熟的形式：两龙背对背相互蟠结，高抬后腿托举着宝珠。雕刻之雄豪伟丽，为唐初的杰作，值得关注。碑宽四尺二寸四分，厚一尺四寸二分。测量时遗漏了高度。（图 102-1）（关野贞 文）

图 102-1 · 唐太宗昭陵 · 唐梁文昭公房玄龄碑

唐国子祭酒孔颖达碑

国子祭酒孔颖达之墓是唐太宗昭陵陪葬墓之一，其碑立于墓前。碑身三分之二埋没于土中。螭首刻画深邃，鳞甲、宝珠鲜艳精美，技巧精湛。侧面刻有花纹，但磨损严重。(图 102-2)(关野贞 文)

图 102-2・唐太宗昭陵・唐国子祭酒孔颖达碑

唐鄂国忠武公尉迟敬德碑

该碑是唐太宗昭陵陪葬墓的墓碑之一，如今半截埋在土中。螭首的手法与通常所见不同，两龙在碑首如绳索蟠结。意匠崭新，技工卓越，侧面雕刻有美妙绝伦的花草图案。（图103）（关野贞 文）

图 103・唐太宗昭陵・唐鄂国忠武公尉迟敬德碑

唐兰陵长公主碑

兰陵长公主碑是唐太宗昭陵陪葬墓的墓碑之一。螭首的样式与房玄龄的略微相似，但稍高，权衡之美有过之而无不及。但侧面缺少花纹。（图104）（关野贞 文）

图 104・唐太宗昭陵・唐兰陵长公主碑

唐虞恭公温彦博碑

此碑是唐太宗昭陵陪葬墓墓碑之一。蟠首雄丽，碑侧饰有阴刻云纹。碑身立于方趺之上，宽三尺七寸九分，厚一尺二寸三分，高约十二尺五寸，是初唐碑中具有代表性的杰作。蟠首的雕刻雄豪伟丽，乃唐碑之特色：雕刻于左右的两龙，呈龙头并列、口咬碑肩、龙体相互蟠结、后腿高抬托起宝珠之态，两龙中间作尖顶碑额。蟠龙构思巧妙，龙体紧密缠绕，无丝毫空隙。此石碑具有代表性。温彦博碑前面有一对石羊，羊后有一对闭口石狮，接着是一对开口石狮，其前方中央有一通石碑。

此外，长乐公主墓有石人一对、石羊一对、石狮一对，其正面有石碑一通。还有一墓，有石人一对，东有石羊三对，西有石狮三对，还有华表一对，其正前方有无字碑一通，但不知主人是谁。(图105)（关野贞 文）

图 105 · 唐太宗昭陵 · 唐虞恭公温彦博碑

唐李靖碑 | 李勣碑

在唐太宗昭陵的陪葬墓碑中，李靖碑和李勣碑明显比其他的宏伟。(图106-1、图106-2)唐碑的特色在于其螭首的雄丽：左右雕刻的二龙或者三龙，呈龙头并列、口咬碑肩、龙体相互蟠结、后腿高抬托起宝珠之态，中间作尖顶碑额；龙体蟠结之构思非常巧妙，相互间缠绕紧密，不留一丝空隙。这两通碑以及温彦博之碑便是最具代表性的作品。碑侧饰云纹。唐碑中遗存龟趺的比较少见，据笔者所知，其中最古老的就是李勣碑，带有古朴之风。

李靖、李勣两人征服突厥和吐谷浑，立下了赫赫战功。李靖的坟形似铁山和积石山，李勣的坟形似阴山、铁山以及乌德鞬山，均呈三峰并列之状。李勣墓前，东有石羊三座，西有石狮三座与之相对，正面有一石碑。李靖墓前，东侧保存石人一尊、石羊两座，西侧的则荡然无存。与其他坟墓比较起来看，西侧应该有石人一尊、石狮二座。且前面还立有石碑。

将羊和狮分立于左右两侧不知是为何。这类古墓大都为夫妻合葬墓，面对墓的右方一定是安葬女性的。

在保留下来的大约三十通石碑中，最为壮观的是李勣及李靖的墓碑。其规模之大，仅次于河北正定的清河郡王纪功碑及乾陵无字碑。李勣碑通高二十尺左右，宽五尺九寸五分，厚一尺八寸三分，龟趺上的龟，其长度为九尺五寸，是中国石碑中最大的石龟之一。碑蟠首上雕刻精美的蟠龙，碑侧镌刻雄健的蟠龙纹。唐朝《六典》中有规定，五品以下官员的墓碑高度不得超过九尺。虽然如此，却特为李勣树立了二十尺高大的墓碑，可见其功绩之显赫。此碑为高宗御书，可惜的是，其下方的刻字全部被毁。这种情况不仅限于李勣碑，其余的三十几通碑，凡是手能触及的地方，文字都被损毁。据说是前来拓字或参观的人络绎不绝，致使土地荒芜，令当地农民苦不堪言，于是他们合谋将碑文一次性全部破坏。李靖碑与李勣碑的大小及构思别无二致，只是以方趺取代了龟趺。除这两通碑以外，其他的石碑，形式都与李靖碑相同，高度大多在十二尺前后，有的侧面雕刻花纹，有的则无刻纹。

这两通石碑，无论是样式，还是手法，都非常出色，与大雁塔圣教序记二碑、明征君碑、少林寺太宗御书碑、大智禅师碑等同为屈指可数的杰作。(关野贞 文)

图 106-1・唐太宗昭陵・李靖碑

图 106-2・唐太宗昭陵・李勣碑

唐太宗昭陵・褚亮碑

唐太宗昭陵・芮国公豆卢宽碑

唐太宗昭陵・申国公高士廉碑

唐太宗昭陵・张允碑

陕西咸阳

周王陵

周王陵与其他周陵皆位于咸阳县。

被称为周陵的古墓不乏其数，但除孔子墓有正传之外，大多难辨真伪。不过，仅陕西省就有无数缺少传记的古墓可以认定为是周汉时代所建，因此，根据从那些古墓获得的知识推测，周代的陵墓中，呈比较低矮的方台状者居多，也有圆台形的。那些被称为文王陵、武王陵、成王陵、康王陵、周公陵、太公陵、鲁公陵的古墓属于前者，孔子墓、孟子墓等属于后者，但此推测是否正确不得而知。《青州府志》“临淄县”条下，在叙述齐桓公墓时，引用《水经注》中所引的《从征记》曰：“女水西有桓公冢，甚高大。墓方七十余丈，高四丈，圆坟围二十余丈，高七丈余；一墓方七丈，二坟。”又引郦道元《水经注》说：“水南山下有四冢，方基圆坟，咸高七尺，东西直列，是田氏四王冢也。”据此记载，看似桓公墓为方基，其上有方圆二坟；四王墓为方基圆坟。本书前述的秦始皇陵为二重方坟，上下皆为方形，而周代出现的这些二重坟与之不同，为上圆下方形。不过，二重方坟恐怕在周代也已经出现。总而言之，周代的陵墓多为方坟，偶有圆坟，还有二重坟。（关野贞 文）

武王陵
碑
献殿
文王陵
碑
献殿
圖面平陵王武周及王文周

周文王及周武王陵平面图

周文王陵

《咸阳县志》记载：文王陵在县治北十五里。虽然文王葬于毕原的说法不可动摇，但学者之间存在分歧，有毕原在渭南之说，也有毕原在渭北之说。《西安府志》就此做了细密的研究，文中称：文王陵在安陵的毕程，而非渭南的杜中。笔者亲自调查了所谓的文王陵，到底可否置信颇存疑问。渭南渭北两种说法自古就有，足以见得该陵墓缺少确切的证据。

图 107-1・周文王陵

眺望咸阳的东北及渭北一带的高原，可见数以万计的累累古坟。从造型来看，大多是周汉时期的古墓。在所谓的文王陵的后方不远处有武王陵，前方的左右有成王陵及康王陵，后方偏左有周公、太公、鲁公的陵墓，其周围，有汉元帝的渭陵及汉代大小坟墓星罗棋布。这些周代陵墓与其周围散在的汉代陵墓相比，其造型自成一体。虽然所谓的文王陵、武王陵、成王陵、康王陵尚存在疑问，但从墓形来看，认定其是周代的坟墓大概不会有错。

文王陵是一座长方形坟墓，边长东西约一百五十尺、南北约一百二十八尺。顶部宽度东西约六十一尺，南北约五十八尺。墓高约六十尺。造型上，顶部稍广，高度偏低，显得有些矮小。所谓的成王、康王两陵也拥有相同的造型。如此失去权衡的低矮陵墓在其他朝代不曾出现，因此，笔者认为可以把是等陵墓认定是周代的产物。(图 107-1)(关野贞 文)

周武王陵

所谓的武王陵在文王陵后方，与之相距约一百七十二尺。《咸阳县志》说在文王陵之北。形状大致如圆锥盘，其直径，东西约九十尺，南北约八十六尺。文王之后及鲁公的陵墓皆为方坟，唯有武王陵是圆坟，这一点令人不解。或许本来是方坟，因坍塌损毁，变成了这种圆坟。而且作为周代始祖的陵墓，较之其他，规模过小。总之，该陵墓特别值得怀疑。《咸阳县志》载："按，文武、成康四陵，俱在县北十五里。"《长安旧志》说：西周之陵"并葬于咸阳原上"。《三礼图》说："先王之葬居中，以昭穆为左右。""文王居中，武王为昭居左；成王为穆居右。"按此记载，昭穆的配置不仅与古记相悖，而且形式也有异于其他，规模又过小，因此留下疑问。

文王陵的前面有碑，碑的南面有献殿，献殿的前面有东西庑，南面有中门，再靠南有牌楼，牌楼左右有墙，往后延伸将并武王陵包围在中间。武王陵的前面也有石碑及献殿。(图107-2)(关野贞 文)

图107-2·周武王陵

周成王陵

成王陵在文王陵前偏西处。《咸阳县志》说在文王陵在西南。东西约二百七十尺，南北约二百六十三尺，由此看来，其平面在当初为正方形。高约五十尺，顶部平广。其外形与文王陵颇为相似，但方台较低。其前面有献殿，周围以墙环绕，前面开有一门。

附——康王陵在文王陵前偏东处，几乎与成王陵左右相对。远望之，其形状颇似成王陵。周公、太公、鲁公等的陵墓散在文王陵后方，偏东处。外形与前记诸陵类似，只是规模稍小。（图 107-3）（关野贞 文）

图 107-3 · 周成王陵

汉帝陵

前汉的帝后及名臣的陵墓多散见于渭河北岸的高原上，少数位于南岸的高原。高祖的长陵和武帝的茂陵最为壮大。《关中记》说："汉诸陵皆高十二丈，方一百二十步，惟茂陵高十四丈，方一百四十步。"《西安府志》引《水经注》称：茂陵"西北一里，即李夫人冢，冢形三成。"由此可见，前汉的陵墓多为方台，又如李夫人墓，也有三层的。笔者调查的惠帝安陵、景帝阳陵、宣帝杜陵皆为方台形，元帝的渭陵为数层的方台形，皆与上述记载相吻合。（关野贞文）

汉惠帝安陵

安陵位于西安北三十五里，在渭河之北的高原。东西约一百九十一尺，南北约一百八十六尺，即为一百九十尺见方的方形坟，高约四十尺。顶部平整，亦为方形。整体的权衡，与所谓的周代诸陵相比，顶部稍窄，墓台稍高。在坟墓四面一百多尺开外的地方分别设有两个低矮土坛。土坛左右并立，相距约十尺，这可能就是建在陵墓四周的双阙遗址。其前面应该曾有过石兽和石人等，但如今形迹全无。（关野贞文）

汉帝陵平面图

图108-1·汉元帝渭陵

汉景帝阳陵

在安陵东七八町（日本的一种长度单位，1 公里 =9.16 町）的地方有景帝阳陵，为方台形，基层约二百三十尺见方，墓高约四十五六尺。四面一百三四十尺开外的地方，分别有双阙遗址。双阙相距约十四尺，各阙东西宽约七十尺，南北宽约二十八九尺。整体的形状建制与安陵相同，只是规模相对较大。当时，其周围及前面围有土墙。（图 108-2）（关野贞 文）

汉元帝渭陵

元帝的渭陵在咸阳县东北约十五里的地方，平面为正方形，朝南，东西约七百二十五尺，南北约七百九十五尺。如图所示，为三层方台形，坡度较大。陵墓上层，东西宽约二百二十尺，南北宽约一百九十五尺。（图 108-1）陵墓坍塌颓圮，但因其上有一个低矮的两层坛，看上去总共有五层。这种多层方台形陵墓散见于渭陵周边。这种形式的陵墓可能兴起于汉代，与错落其间的所谓周代陵墓风格迥异。（关野贞 文）

汉宣帝杜陵

杜陵位于西安市东约二十里的三兆村的高原，为方台形墓，较高。底部约五百五十尺见方，顶部约一百五十尺见方，高七十尺左右。与安陵和阳陵同样，当初在四面可能立有双阙，但如今不留一丝形迹。当时的陵墓，周围有低墙环绕，正面有巨碑矗立，上题“汉宣帝杜陵”，碑阴刻“大清乾隆岁次丙辰孟秋知咸宁县事丁尹志立”。杜陵东南有一巨大陵墓，其东及南部有小冢十数座，东北有墓六七冢、西南有坟十数冢散在，可能皆为陪葬墓。《咸阳县志》载：杜陵之制，“每方百二十步，据地六十亩，四面去陵十余步，皆有观阙基址。其东南数千步，陪葬数十家，环拱森列，大小不等。”（关野贞 文）

图 108-2・汉景帝阳陵

陕西乾州

唐高宗乾陵

乾陵位于乾州西北的梁山上。唐朝盛运绝顶时，武则天为夸耀于后世，特命修筑规模巨大的陵墓。该陵前面站立的石人、石兽保存完好，为唐代陵墓的代表之作。(图109-1) 梁山脚下七八町处有两座山丘并列在平原之上，山头矗立着破损的砖阙，这便是陵墓的第一道门，由此前行七八町抵达山麓。上山后，见道路左右各有一较高的土丘，其上立着高大的砖阙。近观，两阙倾斜；远望，双阙高耸，并列呈门状。从双阙间穿过，山脊平缓，就是通往陵墓的参道。参道入口处有两根高大的八棱石柱左右相对而立，此乃

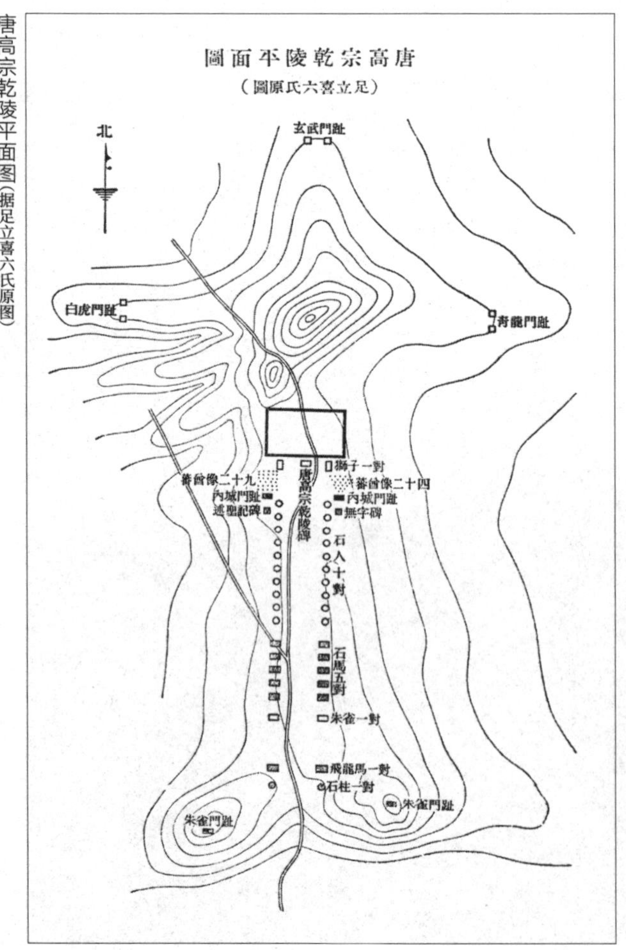

唐高宗乾陵平面图（据足立喜六氏原图）

华表。其表面浮雕凤凰和龙形。走过华表，便是一对也可称之为龙马的巨大石翼马。再往前，参道左右出现石鸵鸟 (图110-1)，从其写实的造型来看，暗示在当时，从遥远的西方引进过活的鸵鸟是有可能的。紧接鸵鸟的是五对石仗马 (图110-2)，之后是十对石人像。走过这段参道，左侧有一石碑，名“述圣记碑”，为歌颂高宗之圣德而建。此碑为武则天御撰，中宗御书。碑体巨大，显然无法以整块石头打造。此碑

图 109-1・唐高宗乾陵・前景

由四尺五寸左右见方的石块重叠而成，共七节，顶部载有盖石。虽然目前已全部坍塌，但其上的铭文还清晰可辨。在与此相对的右侧，有一座无字的石碑。再往前行，有砖筑高台东西相对，这便是阙。阙门过后，有六十四尊石人像左右排列（图 109-2）。营建乾陵期间，诸蕃的酋长过来帮忙，武则天为了向后世夸耀唐朝的势力，特意下令制作诸蕃酋的雕像立于陵前，并命在石人背后刻上蕃酋的姓名和官位。如今，所有的石像头部脱落，身体也倒的倒，坏的坏。再往前走，见左右两侧有巨大的石狮，高达十二尺左右。接着有一通崭新的石碑，上刻“唐高宗乾陵碑”。再往前行七八町，才抵达高大的坟前。乾陵的地形选择之优良，造型设计之盛大，建设规模之宏伟，堪称唐代之最，其设施也最为完备。并且，这些石人石兽是在唐代雕刻技术全盛时期打造的，因此，皆为无与伦比的杰作。（关野贞 文）

图 109-2・唐高宗乾陵・石人像

图 110-1・唐高宗乾陵・石鸵鸟

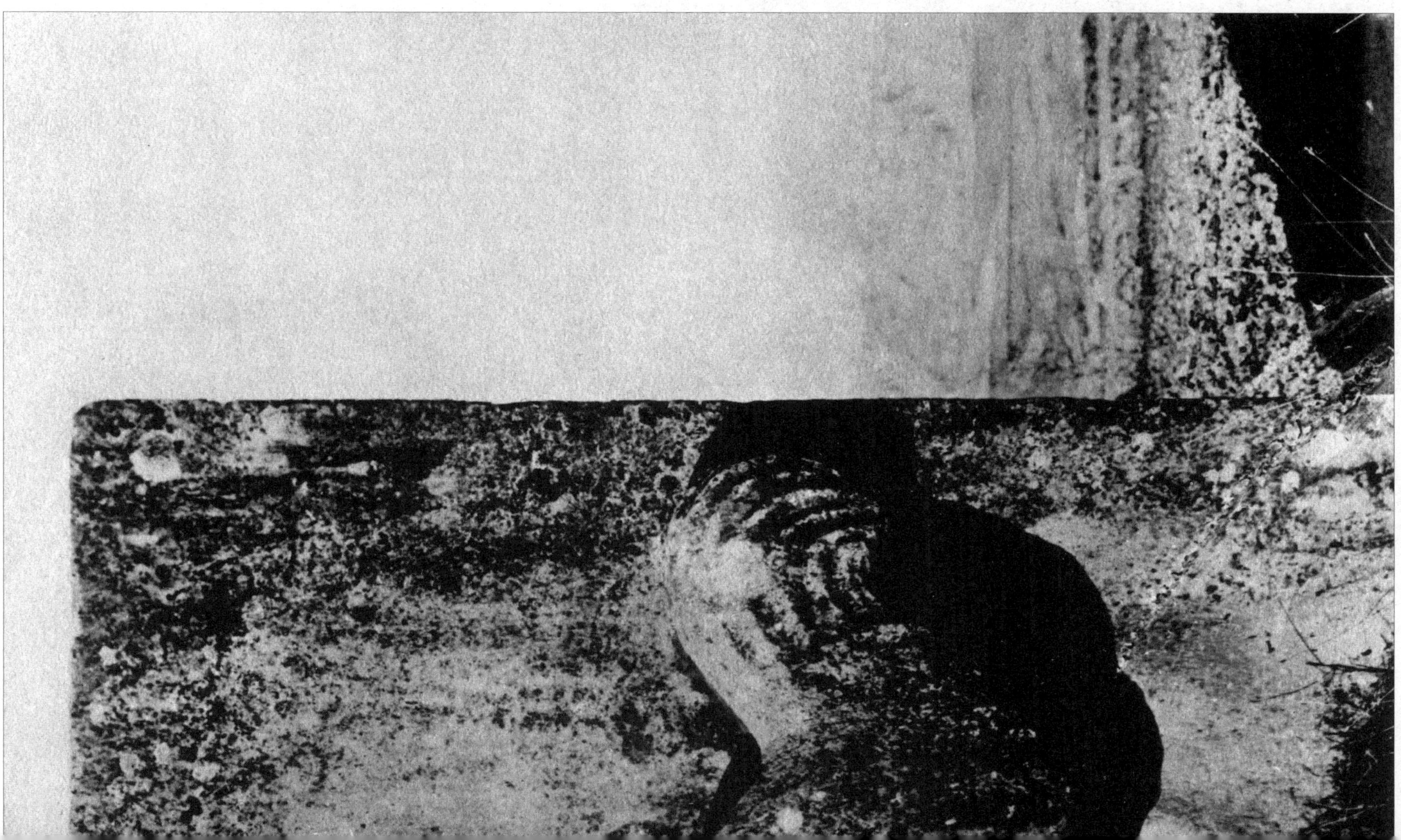

图 110-2・唐高宗乾陵・石仗马

无字大碑

走过乾陵的石刻，左方出现为高宗歌功颂德的述圣记碑，与之相对的右方有一块巨大的无字碑。宋代有记载说是于阗国进贡之物，但令人质疑。此碑比李勣碑更显高大，幅约六尺五寸，厚四尺八寸，高二十一尺左右，由整块石头雕刻而成，可能是中国最大的石碑之一。

碑侧雕刻龙纹、凤凰、唐草纹饰等，碑首载雄浑壮丽的螭龙。不可思议的是碑面没刻一字。碑上留有很多宋金时代之后的来访者刻下的题名，其中，女真文字的题名最为著名。虽然没有找到与该碑有关的文献，但笔者认为这是武则天生前为自己打造的墓碑。这座无字碑与高宗的述圣记碑相向而立于右侧。在墓室内，右侧一般是安放女性棺木的地方，因此，右侧的无字碑可能是武则天生前为自己建造的，她希望自己死后，由后人补刻碑文。然而，因武则天篡夺唐朝社稷，在其驾崩后不久，武氏一族遭到诛戮，碑文未能雕刻。从大小来讲，这是当今中国的石碑中笔者所见过的第二大石碑。（图111）（关野贞 文）

图 111 · 唐高宗乾陵 · 无字大碑

译后记

此卷译毕，长舒一气，深伸懒腰，欣然释怀。何也？偶得一卷图文并茂、史料殷实的文史图书，希望早日与读者分享矣。佛学研究者常青在撰写《西安卧龙寺沿革考略》曾参考过此书，他还在《千年古刹苏醒了——西安卧龙寺漫记》（《佛教文化》1996年第3期）一文中提到他1995年探访西安卧龙寺的经历：寺中大雄宝殿前有两块刚刚树立的新碑石，其中一块是根据历史资料摹刻的《释迦如来双迹灵相图》碑。他告诉老和尚他有从本卷图书中获得的该碑的原始照片，顿时令老和尚们扼腕称憾："可惜我们相识太晚了，如果当时能请你帮忙查找这块碑的资料，就可恢复它的本来面貌了。"由此可见，对文物保护与文化传承而言，原始照片弥足珍贵。是的，此书所附文物照片乃我国文化瑰宝、天下大观之真实再现。观之品之，不仅使人对古文化的博大精深产生真切之感，更令今人对祖国悠久文化史迹产生崇敬之情，既可益智开慧，又能陶冶情操。基于此，我义无反顾地投入到了此卷图书的翻译工作。

本卷重点针对陕西省的文物史迹进行了考察，尤重西安市内的碑刻和寺院佛塔，对秦始皇陵等帝陵的建制规模也做了详细记录。比如在西安文庙一节，作者就从文庙入口处的照壁开始，对文庙的建筑格局及文物配置进行了考察，对文物由来进行了考证及梳理，对建筑造型、石碑大小进行了描述，对雕刻艺术、碑文书法进行了赏析。作者不仅提供了实物照片，还绘制了西安文庙平面图和西安碑林平面图，生动直观地为我们展现了那超越想像的文化景观及奇珍异宝。其观察之细致，分析之认真，充分反映出作者对我国古文化的敬仰之情，同时也证明我国的古文化蕴含着巨大的价值。

然而，翻译此书并非易事。佛教等专业修养暂且不谈，无数的地名、人名、古迹名要一一考证，文物的建造年代、制作时间需一一落实，尤其是碑文的作者、书者不能张冠李戴，碑文的内容也要与照片上的文字两相对照取其真。更为困难的是，作者在介绍或分析论证的过程中，除《石墨镌华》《续高僧传》《金石萃编》《马氏通志》《佛祖统记》《贾氏通志》《巡礼行记》《游城南记》之外，还参考了《陕西通志》《长安志》《咸宁县志》《西安府志》等地方志，最为棘手之事莫过于译者手边并无相关专业资料可供参考佐证。因此，在翻译过程中，译者坚持利用网络和大学图书馆资源查找各种相关典籍，博览各家相关论述，在众多说法中选择与日语原文最为接近的说法，毕竟本书作者做学问的态度一丝不苟，对古文化的尊重无可置疑。

同时，对于书中出现的明显错误，译者也必须补偏救弊。例如：1）引用错误。唐大智禅师碑的碑文是"禅师由是开演先师之业，懋宣至圣之教，语则无像"，而本书作者的引文则是"开演先师之业，懋宣至圣之教语"；2）年代错误。将唐贞观六年（632）写成"1411"年；3）名称错误。将唐高宗咸亨年间写成"咸享年间"，等等。此类错误，有的因作者汉文水平导致，有的则是笔误或是印刷错误。译者发现，同样的错误在网络上也不在少数，因此，译者在翻译过程中小心翼翼，字斟句酌，尽量避免大谬不然。

以上累述，乃我的一点儿感怀。本人才疏学浅，对佛学、书法一窍不通，而且不是翻译业内人士，译文有不精、不妥之处，诚望读者、专家批评斧正。

郭举昆